ENFRENTE
SUS CONFLICTOS

ENFRENTE SUS CONFLICTOS

DR. MARIO E. RIVERA

BETANIA

Un Sello de Editorial Caribe

© 1998 EDITORIAL CARIBE/BETANIA
Una división de Thomas Nelson, Inc.
Nashville, TN – Miami, FL

www.editorialcaribe.com
E-mail: editorial@editorialcaribe.com

 Título en inglés: *Facing Unresolved Conflicts*
© 1988, 1992 por Dr. Mario E. Rivera-Mendez
Publicado por *New Leaf Press*

Traductor: *Eugenio Orellana*

ISBN: 0-88113-501-1

Impreso en EE.UU.
Printed in U.S.A.
2ª Impresión

CONTENIDO

Este libro está dedicado a la memoria
de la señora Jackie Thomas,
sin su aporte jamás se habría escrito.

RECONOCIMIENTOS

A mis hijos: Mario Jr., Roxanne, Mark, Ernie, Paul, David y a Rosita, mi esposa, por su sostén espiritual.

Mil gracias a mis estudiantes del Seminario Evangélico del Caribe por escuchar mis enseñanzas.

Gracias al Reverendo Jorge Suárez Segura, fiel siervo del Señor. A la profesora Leticia Pimentel quien dedicó muchas horas en la revisión de este libro, al igual que la señora Evelyn Aulí. A la profesora Lenian De León por sus comentarios.

A mi viejo amigo, Roy Walsdorf, cuyo amor y respaldo en el libro en inglés, aprecio profundamente.

Quiero dedicar a las miles de personas en Centro y Sur América, Europa y Estados Unidos que me confiaron sus conflictos y angustias. Pero sobre todo, a mi querida Iglesia Barbara Ann Roessler Memorial, en Cupey, Puerto Rico, por permitirme servirle durante tantos años.

¡A Dios sea la gloria!

Mario E. Rivera Méndez
San Juan, Puerto Rico

PREFACIO

Un buen maestro *no* es aquel que enseña mucho. Un buen maestro es el que comunica bien. Eso hizo del Señor Jesucrito el Maestro por excelencia. Cuando Él enseñaba, se preocupaba porque todos lo entendieran. Por eso sus enseñanzas eran tan sencillas.

Al escribir este libro, intento seguir el patrón del Maestro y enseñar verdades profundas en una forma sencilla. El objetivo de esta obra no es tanto que usted aprenda principios, sino que los pueda aplicar a su vida.

Mi más profundo deseo es que el lector pueda experimentar una verdadera sanidad interior. A veces, una herida física puede parecer sana, pero por dentro sigue inflamada y causando dolor. Lo mismo ocurre con nuestra angustia mental y emocional. A menudo, es necesario abrir heridas viejas y enfrentar la realidad de algún conflicto no resuelto que está supurando por allí.

Es posible que usted esté experimentando profundos conflictos y aun así no esté consciente de los mismos. Quizás oculte con éxito su agitación interna adoptando una apariencia de consagración total a Dios, pero sigue con sus heridas, conflictos y pecados ocultos dentro de sí.

Ahora es el momento de enfrentar esos conflictos sin resolver y dejar que el Señor, con su mano quirúrgica de amor divino, abra las heridas y deje al descubierto la raíz del problema. Y así, a medida que Él aplica el aceite suavizante del Espíritu Santo en ese profundo dolor, experimentará sanidad y la brisa refrescante de su gracia.

Para ayudarle a lidiar con sus conflictos personales y para capacitarle para ayudar a otros, he dedicado más de veinticinco años a desarrollar los conceptos de una nueva modalidad de consejería cristiana llamada Teoterapia.

El Centro Internacional de Teoterapia en San Juan, Puerto Rico, somete permanentemente este concepto a pruebas y evaluaciones. Escribo este libro en una actitud de absoluta dependencia del Espíritu Santo y con el propósito de guiarle y ayudarle a iniciar el proceso hacia la sanidad total que Dios desea para usted. Mi oración es que Dios añada su bendición a su vida a medida que lee y capta los conceptos expuestos en esta obra.

Mario E. Rivera Méndez
San Juan, Puerto Rico

1

SATISFAGA
LAS DEMANDAS
DE LA VIDA

El estudiante «A» rinde un examen de medicina y lo reprueba. Cuando recibe las malas calificaciones, dice: «Reprobé porque me dediqué a ver televisión hasta la medianoche en lugar de estudiar. Lo merezco. La próxima vez, sin embargo, será distinto. Estudiaré y dejaré la televisión».

El potencial que tiene y las demandas de su vida están equilibradas y, por lo tanto, no tiene que justificarse. No trata de excusarse por su conducta.

El estudiante «B» rinde el mismo examen y también lo reprueba, pero afirma: «No aprobé por culpa del profesor. Nos dio demasiada materia para estudiar».

Este sí se justifica y trata de culpar a otro. Al intentar defenderse, usa una de las defensas del ego: la racionalización. Traslada su propia culpa a otro, y se desentiende del

asunto. De lo que no se da cuenta es que se está desperso-
nalizando. Todas las defensas del ego son despersonali-
zantes.

El estudiante «C» también reprueba, pero reacciona
dramáticamente. «Fallé. Soy un fracaso. Nunca llegaré a
ser alguien. Nací para perder. ¿Para qué seguir intentán-
dolo? Me mataré».

Sube al piso más alto de un edificio, abre las ventanas,
se detiene por unos segundos, respira hondo y salta al vacío.

La misma situación produjo tres reacciones diferentes.

El estudiante «A» con una salud mental y emocional
sana, enfrenta el problema y busca en su pasado cualquier
conflicto y bloqueo que haya podido afectar su potencial. Él
sabe de qué se trata, sabe qué tiene que hacer, por eso puede
decir: «Lo intentaré de nuevo». La derrota nunca lo derrumba ni el fracaso lo amenaza, y el éxito nunca lo envanece.
Conoce sus puntos fuertes y los débiles, y puede operar
normalmente.

El estudiante «B», al contrario, siempre está autoenga-
ñándose, nunca progresa, nunca madura, ni acude a Dios en
alguna manera. Puede ser miembro de una iglesia; pero
siempre estará criticando, señalando a los demás, y echándo-
le la culpa a todos, menos a sí mismo.

La reacción del tercer estudiante es la más dramática y,
desafortunadamente, se hace más y más frecuente en nuestra
sociedad moderna. Sentimientos de fracaso y desesperanza
destruyen a muchos jóvenes y adultos por su incapacidad
para superarlos. Debido a ello, la iglesia debe convertirse en
un instrumento de sanidad.

En Teoterapia definimos la buena salud mental como el
equilibrio entre las exigencias de la vida y nuestro potencial
para enfrentarlas. Por lo tanto, el propósito de la Teoterapia
es ayudarle a resolver antiguos conflictos no resueltos, sanar
herida profundas, confrontar ansiedades y los miedos, que
bloquean su potencial para satisfacer las exigencias de su
vida.

Estos obstáculos hacen que las personas se sientan fracasadas e incapaces de enfrentarse a la vida. Tratan de escapar de la realidad haciendo una de las cosas siguientes:

1. Diciendo: «No tengo ningún problema».

2. Diciendo: «Es cierto que tengo un problema, pero no puedo hacer nada para superarlo».

3. Aferrándose a una fantasía, al alcoholismo, las drogas e incluso al suicidio.

> *La buena salud mental es el equilibrio entre las exigencias de la vida y nuestro potencial para enfrentarlas.*

Tipos de tensiones

Cada año se gastan millones de dólares tratando de aliviar el estrés y las tensiones. Algunos visitan los gimnasios o toman lecciones de tenis; otros recurren al yoga y a la siquiatría.

¿Es dañino todo tipo de estrés y tensión?

No. Es más, la *tensión normal* puede producir crecimiento y satisfacción. Ella le capacita para enfrentar una situación dada. Esta es la clase de tensión que usted experimenta cuando rinde un examen, pasa su primer día en un nuevo trabajo o se muda a otra ciudad.

El apóstol Pablo se refirió a esta clase de tensión cuando dijo en Filipenses 1.23: *Porque de ambas cosas estoy puesto en estrecho, teniendo deseo de partir y estar con Cristo, lo cual es muchísimo mejor.* Él quería morir y estar con el Señor pero, por otro lado, la tensión lo motivaba a desear permanecer vivo para ayudar a otros.

Experimento esa tensión cuando enseño en un seminario. La gente que asiste invierte tiempo y esfuerzo para participar, lo que significa que tengo una responsabilidad con ellos, la cual crea una tensión normal dentro de mí.

La *tensión neurótica*, sin embargo, no es normal. Drena su energía, causándole una fatiga tan agonizante que a duras penas puede levantarse de la cama por la mañana para ir a trabajar. Le pone tan nervioso e irritable que no puede mantener una conversación placentera, leer la *Biblia*, o pensar correctamente. Se le llama neurótica porque actúa contra su crecimiento e inhibe sus funciones.

Por ejemplo, si tuviera una tensión neurótica —al hablarle a un grupo—, sería presa del miedo y comenzaría a pensar: «¿Y si no soy de bendición para ellos? ¿Y si digo cosas inconvenientes? ¿Y si fracaso?»

Esta clase de tensión neurótica me agotaría tanto y me pondría tan nervioso que sería incapaz de actuar como pastor, maestro, padre, esposo, amigo o cristiano. La tensión anormal se produce cuando uno desarrolla un profundo sentido de incapacidad: la barrera del «Yo no puedo».

> La tensión normal no crea ansiedad ni miedo.

Por otro lado, la tensión normal no crea ni ansiedad ni miedo. Sencillamente lo ayuda a uno a dar lo mejor.

Las exigencias de la vida

Veamos algunas de las razones de la tensión neurótica.

Una causa de la tensión neurótica es la sensación de que uno es incapaz de enfrentar las exigencias de la vida.

Muchas personas viven con el espantoso temor de que nunca podrán llevar a cabo lo que planifican. Sus pensamientos están fijos en los sueños no realizados y en los años perdidos, y eso los atormenta. El resultado: se paralizan y no pueden realizar nada que valga la pena.

La tensión neurótica también se desarrolla cuando el hombre piensa que lo que se le pide supera su capacidad. Es presa del miedo, se llena de confusión y se declara incapaz de cumplir las demandas que se le exigen.

Si se me pidiera hoy que rindiera un examen de Química Básica, materia que cursé en mi primer año de universidad, probablemente me pondría nervioso, tenso, ansioso. Sé que podría aprobarlo, pero en lo profundo tengo un presentimiento que me dice que quizás he olvidado tanto que no lo pueda aprobar. Se produce una tensión anormal.

Sin embargo, si se me pidiera que presentara un examen de astrofísica, de lo cual no sé absolutamente nada, me echaría a reír. Eso no sería una exigencia para mí.

El antídoto, la medicina para este profundo sentido de incapacidad, es aceptar que uno es incapaz. Uno no puede hacer nada con su propia fuerza, ni por su propia capacidad. Pero como el apóstol Pablo, podría decir: *Todo lo puedo en Cristo que me fortalece* (Filipenses 4.13). Cuando esa promesa se hace realidad en la mente y en el espíritu, uno queda libre de un falso sentido de seguridad en sí mismo.

Hay una diferencia entre temer enfrentarse a la vida y saber que no puede hacerlo. Una cosa es *saber* que no eres nada y otra es *sentirlo*. Los cristianos deben aprender que no pueden hacer nada sin Cristo. Una vez que se percaten de esa verdad, podrán hacer cualquier cosa porque «todo lo pueden» en Cristo.

Sin embargo, no cometa el error de muchos cristianos sinceros, que interpretan erróneamente Filipenses 4.13: *Todo lo puedo en Cristo que me fortalece,* y pretenden realizar cosas imposibles basados en ese versículo.

Asegúrese del potencial que Dios le dio y determine lo que es capaz de hacer *a través de* Cristo. Dios nunca le va a pedir que haga algo sin darle la capacidad para ello. Una persona fija metas neuróticas o imposibles cuando plantea algo ajeno a la realidad o inalcanzable, creando un conflicto tanto para sí mismo como para los demás.

Escape

Una segunda causa de tensión neurótica es el deseo de escapar de las dificultades que producen la tensión.

Esto lleva a una actitud de escape y produce una mayor tensión debido a que genera culpa.

El estudiante que reprueba el primer examen y se da por vencido, en realidad, está tratando de escapar. El hombre que inicia un negocio y se rinde cuando las cosas no salen como espera desarrolla un sentimiento de fracaso. Eso lo lleva a experimentar un sentimiento de culpa debido a la creencia de que no se esforzó lo suficiente.

Cada vez que se resista a enfrentar una situación, esta empeora. Cada vez que una persona se deprime y lo niega se sumerge más en la depresión.

Una de las mejores maneras de contender con la depresión es reconocerla. Usted podrá salir de ella más fácilmente cuando reconozca que está deprimido.

En el momento en que acepte su incapacidad o sus debilidades empieza a ser libre. Podemos decir, con el apóstol Pablo: *Cuando soy débil, entonces soy fuerte* (2 Corintios 12.10).

Muchos creen que los problemas se resuelven huyendo. Alguien me dijo: «Cada vez que mi esposa me contradice, guardo silencio. No digo nada. Me callo, simplemente».

A lo que repliqué: «Por eso está hoy aquí, buscando ayuda. Debió haber dicho algo». Su silencio fue una vía de escape.

Esa tendencia en los adultos a escapar mediante el silencio puede ser la consecuencia de la forma en que los maestros y los adultos los trataron cuando niños. Los maestros y los padres que no permiten que sus hijos se expresen en el hogar o en la escuela obstaculizan el aprendizaje. Los niños, por supuesto, deben aprender a hablar en el momento adecuado, pero si no se les permite expresarse recibirán un daño profundo y permanente. Hablar es útil para su desarrollo.

El niño necesita enfrentarse a la tensión normal de hablar ante otros. Si un maestro insensible lo coarta, es posible que luego desarrolle una tensión neurótica al hablarle a un grupo. El silencio se transformará en una válvula de escape como lo fue para el esposo dominado mencionado anteriormente.

Miedo a la muerte

El miedo es la tercera causa de tensión anormal. Todos lo experimentamos en sus diferentes formas, algunas de las cuales son elementales en el ser humano.

Una de esas formas, por supuesto, es el miedo a la muerte. Sin embargo, aun este, el mayor de todos los temores que enfrenta el ser humano, puede dominarse cuando ponemos nuestra vida en las manos de Aquel que nos da vida eterna.

Mi madre tuvo un miedo anormal a la muerte que la molestó por años. Mas cuando Cristo entró en su corazón y tomó control de su vida, aquel temor desapareció.

En los últimos momentos de mi madre aquí en la tierra, estuve con ella en su cuarto. Una hermosa paz inundaba su rostro. Sus últimas palabras fueron: «Aleluya, aleluya». Luego, con dulzura y en plena calma, pasó a la presencia del Señor.

Un profesor universitario en Puerto Rico tenía cáncer, sabía que iba a morir. Unos tres días antes que falleciera fui al hospital para ayudarlo a prepararse para la muerte. Al tomar su mano, llevó la mía a sus labios expresándome su cariño.

> En el momento en que reconozcca su incapacidad o sus debilidades, empieza a ser libre.

Mientras las lágrimas corrían por su rostro, me dijo: «No crea que lloro de miedo. Por favor, dígale a la iglesia que nunca he estado en tan buenas manos como ahora».

En ese momento, se apoderó de mí un sentimiento de victoria y experimenté la hermosa liberación del temor a la muerte. Ver a este hombre al borde de la eternidad tan lleno de la presencia del Espíritu Santo que comunicaba amor y valentía me hizo entender la paz en una forma que nunca antes entendí.

El miedo a la muerte nace de la falta de conciencia del significado de la vida. Quienes tienen miedo a la vida, temen a la muerte.

Muchos cristianos han dejado que el mundo les diga qué creer o qué no creer. De ahí que acepten el concepto anti cristiano de la muerte como una experiencia horrible y mala.

El mundo tiene tanto temor a la muerte que vive como si ella no existiera. Cuando una persona muere, la visten y maquillan para que luzca como si estuviera viva. «¡Qué natural se ve!», dicen del difunto en el funeral.

Este miedo procede del mundo exterior. En ninguna parte de la Biblia se nos dice que hay que temer a la muerte, al contrario, Cristo nos hizo victoriosos sobre la muerte: *¿Dónde está, oh muerte, tu aguijón? ¿Dónde, oh sepulcro, tu victoria?* (1 Corintios 15.55).

Durante el funeral de un familiar, predicamos la Palabra de Dios a los presentes. El Espíritu Santo tocó muchos corazones, y algunas personas fueron liberadas instantáneamente del miedo a la muerte. Como resultado, varios miembros de la familia se entregaron a Cristo y ahora participan activamente en la obra del Señor.

Dios puede transformar la muerte en una tremenda victoria porque nuestro punto de vista cristiano es superior al del mundo.

Miedo al fracaso

El miedo a fracasar también puede originar una tensión neurótica.

Nuestra sociedad competitiva orientada al éxito, creó un monstruo llamado «miedo al fracaso». Hicimos un culto al éxito y a la idea de ganar. Como consecuencia, la gente se condiciona para temer al fracaso, y muchos sufren de úlceras y problemas cardiovasculares.

A Jesús no le preocupaba el éxito, ni si las personas asistían o no a sus reuniones masivamente. Él disfrutaba sirviéndoles a los cinco mil, como también se regocijaba hablando con la solitaria mujer samaritana en el Pozo de Jacob.

Lo bello de Jesús no se ve tanto cuando las multitudes lo seguían, sino cuando les dijo a sus discípulos: «¿Queréis vosotros iros también?»

Algunos Pastores, incluso, se sienten constantemente amenazados por temor a que algún miembro de la congregación pueda irse a otra iglesia. Esta clase de inseguridad no debería existir en líderes que enseñan a sus congregaciones a confiar en Cristo.

La grandeza del evangelio no se manifiesta tanto en la extensión de esas multitudes sino cuando Jesús cargaba la cruz solo. ¿No fue ese un fracaso a los ojos del mundo?

Un querido hermano de Atlanta me comentó que en lugar de una cruz colgando del cuello, se debería llevar una silla eléctrica en miniatura; para que cuando alguien preguntara su significado, responderle: «Este es un símbolo de ejecución y así fue como murió mi Salvador».

No hay dolor más terrible en nuestra mente que pensar que algún pariente nuestro pudiera morir en la silla eléctrica. Fue allí, sin embargo, donde murió nuestro Salvador. La cruz era para los criminales. Él fue, simbólicamente, a la silla eléctrica por ti y por mí.

Desde el punto de vista humano, la de Jesús fue una derrota completa, pero es en su fracaso que encontramos nuestra victoria. En esa derrota podemos enfocar nuestra vida y triunfar. ¿Cuán importante e impactante es el fracaso cuando lo vemos desde la cruz?

Miedo del hombre

La tensión neurótica también es causada por un miedo anormal a la gente y a lo que esta piensa o dice de nosotros.

Juan Calvino afirmó: «Teme a Dios y nunca temerás al hombre».

Es vergonzoso que no todos los cristianos puedan proclamar esta verdad. Al contrario, el miedo al hombre es un tropiezo para mucha gente. Dios, sin embargo, quiere liberarle a usted de ese temor compulsivo.

Ese miedo le hace temer ante lo que los demás puedan pensar o hacerle a usted. Y se manifiesta en el temor a ser rechazado, a no adaptarse a determinado grupo, o a no ser aceptado.

Si usted es un hijo de Dios, ya fue aceptado por Dios. No es su problema que otros lo acepten o no. Es problema de *ellos.*

¿Tiene miedo a lo que los demás piensen de usted? A Jesús nunca le preocupó eso. Es más, la gente decía toda clase de falsedades contra Él, pero Él sabía que así habían tratado a los profetas que lo precedieron.

Su preocupación y la mía es ser aceptos en el Amado; por lo tanto, ¿por qué preocuparse? *El temor del hombre pondrá lazo; mas el que confía en Jehová será exaltado* (Proverbios 29.25).

Proverbios 19.25 nos dice cómo relacionarnos con la gente sin temer a su reacción. Debemos corregir a los demás, con amor y entendimiento, por supuesto, y no tener miedo del hombre. *Hiere al escarnecedor, y el simple se hará avisado; y corrigiendo al entendido, entenderá ciencia.*

Cuando somos libres interiormente, el Señor Jesús empieza a manifestarse en nosotros.

Miedo a la autoridad

Este temor también puede producir una tensión anormal que afecte su conducta y la forma cómo usted se relaciona con la sociedad como un todo.

¿Lo ha detenido algún policía en una carretera llena de vehículos? ¿Ha sentido cómo un escalofrío recorre su cuerpo? El miedo a la autoridad, que le inculcaron desde muy pequeño hace que tema al policía. Cada vez que su padre o una figura autoritaria le corrigió como niño, le inculcó el temor a la autoridad.

Ese temor, sin embargo, crea el deseo de vencer a la autoridad. La rebelión aparente en nuestra sociedad actual es realmente una expresión de profundo miedo. Constatamos esto en los escolares.

Cuando un niño es amenazado por la autoridad de su padre en casa, su comportamiento hacia las autoridades se deteriora en la escuela. En consejería, ayudamos a los adultos y a los adolescentes rebeldes a reconocer ese miedo a sus padres, de manera que puedan liberarse de una conducta antisocial.

> *Teme a Dios, y nunca temerás al hombre.*

Hace algunos años tuvimos que suspender a un alumno de nuestra escuela en Puerto Rico por problemas de conducta. Aunque sus padres son profesionales, su comportamiento indicaba que estaba al borde de una rebelión absoluta contra la autoridad. Después de ausentarse por algún tiempo de la escuela, pidió una cita para hablar conmigo.

«Quisiera regresar a la escuela», me confesó. «Creo que no hay otra igual. Después de mi suspensión, me di cuenta de lo que han hecho por mí. Cuando me suspendieron fueron sinceros conmigo y sé que lo hicieron porque me aprecian, y se interesan por mí».

Por primera vez en su vida, alguien lo escuchaba y lo tomaba en serio. Su padre y su madre nunca lo hicieron. Mientras hablábamos pude hacerle ver que su comportamiento era la manera de vengarse de su padre, cuya autoridad temía. Me sorprendió la madurez del estudiante. Muy pronto pudo enfrentar sus temores y cambiar su actitud.

Descansemos en la seguridad de que Aquel, que tiene la máxima autoridad sobre la tierra, nos ama. Él nos dio su autoridad porque nos amó de tal manera que estuvo dispuesto a ir a la cruz por nosotros.

Ira y resentimiento

Otra fuente de tensión anormal es la actitud negativa hacia otras personas.

Hasta aquí hemos visto que la tensión neurótica puede producirse debido a profundos sentimientos de incapacidad, a un deseo de escapar de la vida, y a temores de diversas clases. Como resultado de eso la tensión neurótica, puede desarrollar en usted resentimiento, celo, coraje y odio, y, peor aún, si se deja que esta crezca, dichas emociones negativas pueden llegar a destruir al individuo.

El apóstol Pablo dice: *Airaos, pero no pequéis; no se ponga el sol sobre vuestro enojo* (Efesios 4.26). Libérese de la ira. La ira solo es pecado cuando se usa mal.

Si alguien dice algo que a usted le ofende, no reaccione. Dígale a esa persona cómo se siente. Así, liberará a esa persona a la vez que desaparecerá su propio resentimiento. De esta forma se mantiene la comunicación.

Jesús nunca confrontó a las personas con lo que decían. ¿Recuerda el día en que Él estaba con sus discípulos en medio de la tormenta? Les dijo: *Hombres de poca fe.* Al decir eso, aplacó el temor de ellos.

Acepte sus limitaciones

Usted puede liberarse de todos los pensamientos negativos que envenenan su sistema, creándole tensiones anormales. Pero recuerde, las tendencias neuróticas no desaparecen de la noche a la mañana. No es suficiente asistir a la iglesia, escuchar el mensaje, ir a la casa, y volver el próximo domingo. Tiene que trabajar con ese problema; se liberará de él si está dispuesto a hacer lo correspondiente.

«¿Y qué tengo que hacer?», quizás usted me preguntará.

1. *Antes que nada, aprender a «tratar con» sus conflictos y tensiones.*

No se resista a reconocer su conflicto interno. Solo aquellos que se dan cuenta que necesitan ayuda la reciben. Enfrente sus incapacidades y sus temores.

2. *Acepte sus limitaciones.*

Digámoslo de una vez, hay cosas que le gustaría hacer pero no puede. Si tiene un conflicto en casa, reconózcalo. «No lo puedo resolver. Soy incapaz de arreglar el problema». Haga lo mismo cuando sea un asunto de trabajo que no pueda tratar, y luego confíe en Dios.

El proceso de sanidad comienza cuando uno reconoce su incapacidad. En la dinámica que sigue, traspasaremos esa insuficiencia a Dios, que es todopoderoso.

Dinámicas sanadoras

1. A modo de ejercicio, me gustaría que buscara a un buen amigo cristiano que haya leído este capítulo sobre conflictos y tensiones. Preferiría que no fuera un pariente.

Pónganse frente a frente. Mirándose directo a los ojos, permítale a su amigo que le diga: «Hermano, hermana, tú no puedes. Eres incapaz». Y luego añada: «Pero Dios, a través de ti, puede hacer cualquier cosa».

Entonces confiese usted con fuerza y confianza: «Sí, Señor, soy incapaz, pero tú eres Todopoderoso».

2. Me gustaría guiarle en una dinámica espiritual que le mostrará, quizás, su inconsciencia de las emociones que está experimentando.

Manténgase en calma, cierre sus ojos, y ponga atención a todos los ruidos alrededor. Trate de identificarlos.

Es probable que identifique el ruido del refrigerador, un automóvil pasando, el tic tac del reloj; pero seguramente habrá otros que no reconocerá. Hay muchos ruidos que filtramos; uno se autoadiestra para oír sólo lo que le interesa.

Lo mismo ocurre con sus emociones. Hay emociones que impedimos que se manifiesten, por tanto tiempo, que llegamos a olvidar que existen.

Es importante estar alerta. A veces nos sentimos tensos, pero no nos percatamos de ello. ¿Cómo tratar con esa tensión si no sabemos que existe? Puede que se albergue cierto rencor sin estar consciente de él, debido a que se encubre. Hay que aprender a entrenar el «detector» espiritual para descubrir esas emociones ocultas y tratar con ellas.

Vivimos tan aceleradamente que no tomamos tiempo para percatarnos de lo que sucede dentro y fuera de nosotros. Estamos conscientes de las cuentas, del trabajo y de las tensiones que surgen con el jefe, pero no nos percatamos de que sentimos emociones negativas que corroen nuestra salud emocional y mental.

Usted podrá ayudarse solamente cuando identifique su tensión, enojo o depresión. Permítame recordarle que Dios quiere que sea una persona saludable en espíritu, alma y cuerpo.

2

DIOS NO HA TERMINADO CON USTED

Un sábado, cierto pastor preparaba en su oficina el sermón para el domingo, cuando entró su esposa y le pidió que vigilara a su pequeño hijo Bobby, de cinco años, mientras ella iba de compras.

«*¡Adiós sermón!*», pensó.

El pastor trató desesperadamente de encontrar una forma de entretener al niño. Al fin, se fijó en un mapamundi que había en el periódico, así que cortó el mapa en varios pedacitos e hizo un rompecabezas.

«*Eso lo mantendrá ocupado por un rato*», pensó el pastor.

Así que le dio un rollo de cinta adhesiva, lo llevó a otro cuarto y le dijo: «Ahora, Bobby, arma este mundo para papá. Cuando lo tengas listo, pega las piezas con esta cinta adhesiva». Acto seguido regresó a su sermón, seguro de que el niño estaría ocupado por algún tiempo.

Cinco minutos después apareció Bobby en la oficina del papá y le mostró el trabajo perfectamente terminado.

«Sabía que era inteligente», pensó el padre, *«pero no que fuera un genio».*

«Bobby, ¿cómo lo hiciste tan rápido?» le preguntó.

«Sencillo, papá. Detrás del mapa, había una foto de un hombre, arreglé al hombre y el mundo se arregló solo».

En ese momento, el pastor logró su sermón.

El mundo se está despedazando. ¿Por qué? Porque la gente se está destruyendo. En algunos lugares de los Estados Unidos, el número de divorcios es mayor que el de casamientos. En un período de veinticuatro horas, miles de personas en el mundo, intentan suicidarse. Muchos lo logran.

Una de cada cuatro personas es adicta a algún tipo de droga o narcótico. Una de cada cinco personas carece de salud mental. Las altas tasas de alcoholismo, abuso de drogas, crímenes sexuales, divorcios, disolución de vínculos familiares, conflictos en los hogares, problemas de identidad sexual, y otros indican claramente la urgente necesidad de ayudar a promover la estabilidad emocional.

Aun los cristianos enfrentan conflictos en sus vidas y crean confusión a su alrededor. Si pudiéramos volver a integrarnos como individuos, las piezas de nuestros mundos particulares también encajarían en su lugar.

Una vez que el cristiano logre esto, la iglesia se fortalecerá y el mundo, al fin, será mejor.

Gemido interno

Un reconocido evangelista se refiere a la soledad como «el problema número uno de los Estados Unidos en la actualidad». La soledad lastima y crea sentimientos de rechazo, indignidad y depresión.

Muchas personas sienten culpabilidad y tratan de disimular sus conflictos internos con una fachada de serenidad en sus rostros: «Ríen por fuera, y lloran por dentro».

El ruego de miles es: «Por favor, cambie mi vida». Sus vidas son atormentadas por inseguridades en cuanto al mundo y el futuro. La ansiedad atrapa sus mentes mientras se preguntan: ¿Qué va a pasar *conmigo*?

Quieren escapar de la desesperación que los tortura y dicen: «Siempre será así». Sus corazones claman: ¿Es esto todo lo que ofrece la vida, o lo que habrá siempre? ¿Nunca me abandonará el desaliento o será el abatimiento una compañía diaria?

Entonces alguien les sugiere: «Jesús es el camino».

Sonríen y asienten, pero por dentro se preguntan: «¿Cómo podría Jesús resolver mis problemas?»

O quizás oyen a alguien decir: «El cristianismo es la respuesta para su problema».

«¿Pero cuál es el problema?», preguntan desesperados. Eso es de lo que trata este libro: Identificar el problema y presentar la respuesta.

El antídoto para una soledad agonizante es Cristo Jesús. Él es la verdadera y única respuesta a la horrible vacuidad que siente cada ser humano.

El hombre vive separado de Dios, y eso produce un gran vacío en su corazón. Solo Cristo puede llenarlo. Sus debilidades, en las manos de Jesús, se convierten en una fuerza poderosa. Él se especializa en tomar la debilidad y la imperfección, y convertirlas en algo especial; pero no hay una fórmula mágica instantánea.

> *Jesucristo es la verdadera y única respuesta a la horrible vacuidad que siente cada ser humano.*

En su Palabra, la Biblia, Dios provee muchos principios sicológicos que son la puerta de entrada a la sanidad. Una vez que sabemos cómo usar estas herramientas sanadoras, podemos encontrar la sanidad para el cuerpo y para el alma.

En efecto, la misma Palabra de Dios sana. *Porque la palabra de Dios es viva y eficaz, y más cortante que toda espada de dos filos; y penetra hasta partir el alma y el espíritu, las coyunturas y los tuétanos, y discierne los pensamientos y las intenciones del corazón* (Hebreos 4.12).

Conflictos internos

Algunas personas emocionalmente inestables parecen ser espiritualmente saludables. Es más, puede que sean líderes carismáticos usados en forma poderosa por el Espíritu Santo, pero son personas enfermas que necesitan sanidad emocional.

Uno de esos líderes vino a verme buscando consejo.

«Me paro frente a mil personas», me dijo, «y los magnetizo. El Espíritu Santo cae sobre ellos y empiezan de inmediato a alabar al Señor. Me buscan y quieren hablar conmigo. Me dicen que soy un gran hombre de Dios. Cuando regreso a cas? y estoy solo, se desata una terrible batalla dentro de mí. Tengo fuertes tendencias homosexuales y no encuentro alivio a esta situación».

Aunque este hombre impartía vida a otros a través de su ministerio, él mismo agonizaba día a día y nunca experimentó la vida abundante.

> *La madurez espiritual no nos hace inmunes a los conflictos emocionales.*

Quizás usted se pregunte: ¿Es posible alcanzar tan emocionante victoria espiritual y al mismo tiempo experimentar una profunda batalla espiritual? Sí. La madurez espiritual no nos hace inmunes a los conflictos emocionales. Pasé tres días ministrándole a este hombre antes que conquistara la victoria sobre su conflicto interior y al fin, fue libre.

Hay esperanza para los homosexuales. Lo sé porque veo su transformación a medida que ganan autoestima, se casan y experimentan la verdadera felicidad.

Así como es falso que el pecador siempre será pecador, el homosexual o la lesbiana tampoco tienen que seguir siéndolo por el resto de sus vidas. Dios provee una salida. El único que anima a las personas a seguir en un estado miserable y tormentoso es Satanás. Paradójicamente, uno de los grupos menos felices son los *gay* [nombre que se les da a los homosexuales y lesbianas].

Trate con los conflictos

Como individuo y parte de la iglesia, usted debe recibir sanidad emocional para poder ministrar a otros. ¿Cómo podría difundir las «buenas noticias» con efectividad, si en su intimidad todo lo que tiene son malas noticias?

Cuando usted tiene un conflicto en el alma, no siente el deseo de hablarle a otros de Cristo en una forma efectiva. Si se reviste de fortaleza, será a expensas de una gran cantidad de energía sicológica.

Una persona sana emocionalmente no gasta energías batallando con sus propias frustraciones, enojos, sentimientos de inferioridad y falta de autoestima. Es libre para concentrar sus esfuerzos en enaltecer la figura de Jesús, hablar de Cristo con otros, divulgar la Palabra de Dios y ayudar a otros a alcanzar sanidad. Las amarguras, murmuraciones, críticas y otros síntomas de conflicto no pertenecen a la naturaleza del cristiano saludable.

Los conflictos mantienen a las personas en prisiones emocionales. Usted no puede ser usted mismo cuando está atado. Dios quiere liberarle de sus conflictos y sacarle de los calabozos de la depresión.

La sanidad comienza cuando uno trata con los conflictos. Podría preguntarse: «Si todo parece ir bien, ¿para qué comprobarlo?» En vez de enfrentar nuestros conflictos internos, nos sentimos tentados a retraernos al confortable nido del *statu quo*.

Si usted desea ser libre de sus miedos, su enojo y su depresión deberá enfrentar sus conflictos.

Usted no es el único que tiene miedo de algo. Otros llevan la misma carga. No es el único que se enoja, o que siente que lo rechazan o que, de vez en cuando, se deprime.

Siempre habrá tensión entre el espíritu y la carne. No necesitamos fingir. Así es la vida. Mientras vivamos, tendremos problemas.

La Teoterapia no pretende librarle de sus conflictos de modo que nunca más vuelva a tenerlos. Porque mientras se libra de uno, se presenta otro. Ese es el proceso de sanidad.

Por eso es que en Teoterapia usamos la palabra «proceso». A medida que el proceso avanza, usted se sana. Crece de «gloria en gloria».

Una de las cosas que descubrimos en los adictos a las drogas es que muchos de ellos van a la iglesia a «convertirse». Tienen una experiencia emocionante y testifican dondequiera que están. Seis meses más tarde vuelven a las drogas debido a que sus conflictos reales nunca fueron enfrentados efectivamente.

No digo que el Señor no pueda tomar a un drogadicto y liberarlo instantánea y completamente. Dios trabaja como quiere, pero también puede usar la Teoterapia. Si me usa a mí, puede usar a cualquier persona, y emplear el método que desee, porque Él no está limitado a un sistema, a una modalidad, ni a nada.

El gran disimulo

Como los cambios son dolorosos, no es extraño que los cristianos disimulen sus conflictos emocionales con una fachada de superespiritualidad.

Recientemente, una elegante y fina dama vino a mi oficina. Era muy alegre. Me saludó con un:

—¡Gloria a Dios, hermano!

—¡Gloria a Dios! le respondí.

—¡Amén! —continuó.

—¡Amén! —asentí.

—¿Puedo leer las Escrituras, hermano? —me preguntó.

—¡No! No puede —le contesté.

—¡No cree usted en la Biblia!

—¡Sí!

—Entonces, ¿por qué no quiere que la lea?

—Porque primero tengo que hablar con usted.

Así continuamos por un rato. Ella persistía en su afán religioso.

—Bueno, ahora quiero orar —me dijo.

—Tampoco vamos a orar —le repliqué.

—¿Qué quiere decir? ¿No cree usted en la oración?

—¡Por supuesto que creo en la oración!

—Entonces, ¿por qué no quiere orar conmigo?

—Porque primero tenemos que hablar.

Antes que siguiera, interrumpí el diálogo con una pregunta sencilla, mientras la miraba directo a los ojos:

—¿Cuándo va a empezar a llorar?

No acababa de decirlo, cuando soltó el llanto.

—Soy la mujer más infeliz del mundo —me dijo.

Era esposa de un pastor y temía exponer su necesidad.

—Odio decir esto, pero tengo un problema en mi hogar.

La confronté con una declaración que estoy seguro que oirá por años. Le dije lo mismo que a usted:

—Usted no tiene ningún problema.

—¿Qué quiere decir con eso de que no tengo ningún problema? —replicó—, ¡Si usted supiera!

—Exactamente —le respondí—. Lo sé. Usted no tiene ningún problema. El problema es *usted*.

Me miró con ojos escrutadores y desde ese momento en adelante, vio sus conflictos con seriedad. En una hora, esa esposa de pastor pudo decirme:

—Volveré a servir a mi Señor en una forma diferente y como una mujer cambiada.

Enfrente sus conflictos

A través de este libro y en nuestros seminarios sugiero ejercicios de «dinámicas sanadoras». A menudo, estos principios y dinámicas, son tan fáciles de utilizar tal como aparecen en un libro o se escriben en un pizarrón; aunque tampoco prometemos un camino fácil. Requiere trabajo arduo.

Nada es sencillo cuando se trata de lograr la salud emocional. Hay que trabajar y pagar el precio para conseguirla. El Señor le da los principios, pero no la comida en la boca. Él espera que usted, como adulto responsable, haga su parte para conseguir la sanidad.

Para usar los principios de la Teoterapia es necesario saber más acerca de nuestros principales temores, emociones, conflictos sin resolver y tensiones. Por lo tanto, en varios de los siguientes capítulos trataremos extensamente estos impedimentos para su desarrollo emocional y espiritual.

Percatarse de la necesidad de ayuda es el primer paso para escapar de la prisión de tensión y turbación.

Por ejemplo, una mujer puede venir a verme y decirme: «Mi esposo me dejó porque fracasé varias veces como esposa. Creo que necesito ayuda. ¿Podría usted ayudarme?» Esta mujer está en el camino a la victoria, sea que su esposo regrese a casa o no. Puede llegar a ser un gigante espiritual para el Señor porque va a crecer emocionalmente.

La mejor forma de resolver un conflicto es enfrentándolo. Cuando no pueda hacerlo, busque ayuda. Cuando un esposo o una esposa tienen conflictos y la comunicación se interrumpe, es tiempo de decirle al pastor: «Tenemos algunos problemas. Por favor, ayúdenos».

En lugar de escapar tras el muro de silencio del hogar, vaya a su pastor y háblele con franqueza. Los conflictos y las tensiones son algo normal. Expresarle sus necesidades a su pastor no quiere decir que no sea espiritual. La persona más espiritual es la que reconoce: «Necesito ayuda. ¿Podría ayudarme?»

Muchos conocen el lema: «Sea paciente. Dios aún no ha terminado conmigo». Es una forma coloquial de expresar Filipenses 1.6: «Estando persuadido de esto, que el que comenzó en vosotros la buena obra, la perfeccionará hasta el día de Jesucristo».

Siempre estamos avanzando, esforzándonos para alcanzar el crecimiento y la madurez espiritual. Este es un proceso, no una experiencia repentina.

Persona incompleta
Prioridades desordenadas
Persona aparentando vivir
Solo existe

† JESÚS

EGO DÉBIL

1. FORTALECER EL EGO

«Religioso»
Jesús en el corazón de la persona

EGO EN PROCESO DE SER DESPLAZADO

2. EGO DESPLAZADO

La persona es aceptada en el Amado
Deja de ser religioso para ser
    un cristiano
Se ordenan las prioridades

EGO DESPLAZADO

3. CRISTO JESÚS ES CORONADO COMO SEÑOR

3

LA DEPRESIÓN YA NO ES UN MISTERIO

Sálvame, oh Dios, porque las aguas han entrado hasta el alma. Estoy hundido en cieno profundo, donde no puedo hacer pie; he venido a abismos de aguas, y la corriente me ha anegado. Cansado estoy de llamar; mi garganta se ha enronquecido; han desfallecido mis ojos esperando a mi Dios (Salmos 69.1-3).

La depresión no es una plaga del siglo veinte. Los versículos que citamos arriba son el llanto de David, un hombre que siglos atrás sintió que se hundía más y más en la desesperación. La edad moderna no tiene la exclusividad de la depresión, de la desesperación ni del desaliento.

¿Qué es depresión? Es la expresión de un profundo sentimiento de pérdida o de temor a esta.

La Biblia no exime a nadie de sentir depresión, pero enseña cómo enfrentarla con éxito. Los cristianos no tienen que estar deprimidos. Dios no quiere que estén deprimidos. Él espera que hagan algo al respecto para ser liberados en una forma especial.

> *¿No es acaso brega la vida del hombre sobre la tierra, y sus días como los días del jornalero? Como el siervo suspira por la sombra, y como el jornalero espera el reposo de su trabajo, así he recibido meses de calamidad, y noches de trabajo me dieron por cuenta. Cuando estoy acostado, digo: ¿Cuándo me levantaré? Mas la noche es larga, y estoy lleno de inquietudes hasta el alba. Mi carne está vestida de gusanos, y de costras de polvo; mi piel hendida y abominable. Y mis días fueron más veloces que la lanzadera del tejedor, y fenecieron sin esperanza. Acuérdate que mi vida es un soplo, y que mis ojos no volverán a ver el bien (Job 7.1-7).*

Aquí leemos el lamento de Job lanzado desde las profundidades de la depresión. Tanto Job como David fueron héroes de la fe y hombres poderosos de Dios pero aun así, sufrieron de depresión.

Si la Biblia hubiera sido escrita por un historiador, en vez de bajo la inspiración del Espíritu Santo, seguramente los versículos anteriores se habrían omitido. Un historiador bíblico habría incluido solo aquellos incidentes que mostraran a nuestros héroes como rudos hombres de Dios, libres de problemas y nunca deprimidos.

Sin embargo, me conforta, que un hombre llamado David se sintió a veces como yo: me he sentido deprimido al punto de sumirme cada vez más en la desesperación.

Cuando observo a Job, el que fue llamado «justo» ante Dios, y lo escucho preguntar: «¿Cuándo me levantaré? Mas la noche es larga», me gozo en saber que aun los más grandes siervos de Dios han estado, igual que yo, en las profundidades de la desesperación.

La noche antes que fuera crucificado, Jesús experimentó momentos de depresión en Getsemaní, donde cayó sobre su rostro ante el Padre. Sudó como gotas de sangre, y en agonía oró: «*Padre mío, si es posible, pase de mí esta copa; pero no sea como yo quiero, sino como tú*» (Mateo 26.39).

Tarde o temprano, todos sufrimos la depresión normal. Jesús no estuvo exento de ella.

Depresión normal

De una u otra manera, todos experimentamos la depresión normal o existencial. Hay diferentes motivos para esa depresión, puede durar «una temporada», pero generalmente, el tiempo y los ajustes necesarios se encargan de ella. Todos tenemos un «lunes negro». Pero algunas personas permanecen abatidas el resto de la semana.

También produce depresión el profundo sentimiento de pérdida cuando fallece un ser querido, y cuando una persona se jubila es posible que entre en lo que se conoce como la «depresión posjubilatoria». Esta se manifiesta gritándole a la esposa e irritándose con mayor frecuencia. Hay un sentimiento de «Ya no soy necesario».

A veces, la depresión llega a los padres cuando los hijos se van del hogar, creando «el síndrome del nido vacío». Ven al último hijo irse y piensan que ya no hay motivo para luchar y que los mejores años quedaron atrás. Prevalece un sentimiento de soledad y tristeza.

Todos estos sentimientos están dentro del rango normal de depresión. También puede ser causada por enfermedades graves o cirugía mayor. Debido a ello, la mayoría de los cirujanos sugieren a la persona que se va a someter a la amputación de un miembro del cuerpo que hable antes con sus familiares. Después de la pérdida de un miembro del cuerpo, el paciente experimenta en la extremidad amputada lo que se conoce con el nombre de «dolor fantasma». Con frecuencia, el paciente depresivo no puede aprender a usar una prótesis o un miembro artificial.

Hace algunos años, como fisioterapeuta en un centro de rehabilitación de la Florida, tuve que trabajar con muchos amputados. Durante seis meses ayudé a un paciente a que aprendiera a usar una prótesis, pero casi no avanzó en el proceso. Estaba tan deprimido que no podía aceptar que tendría que usar un miembro artificial, de modo que lo rechazaba por completo.

Por otro lado, noté que las personas que sufren alguna amputación y que tenían su fe puesta en Dios se deprimían por un tiempo breve, pero luego la superaban. Se adaptaban a la prótesis y volvían al trabajo y a las actividades normales en tres o cuatro semanas.

Una persona deprimida no puede concentrarse en sus estudios. Con frecuencia, cuando un joven o un estudiante universitario le dice: «Tengo dificultad para concentrarme en los estudios», lo que en realidad le está expresando es: «Estoy deprimido. No me puedo concentrar debido a la depresión».

De modo que la próxima vez que alguien le diga: «No puedo concentrarme», no empiece a decirle cómo hacerlo. Esa persona no necesita reglas. Necesita quitarse de encima la depresión.

> *La depresión se presenta cuando la persona pierde su seguridad.*

La depresión se presenta cuando la persona pierde su seguridad, a veces a causa de un divorcio, pérdida de su trabajo, una larga enfermedad o la llegada de los años. La inseguridad crea depresión.

Sin embargo, la vejez no tiene por qué venir acompañada de depresión.

Una señora de ochenta y seis años, que es miembro de nuestra iglesia en Puerto Rico, tuvo un infarto. Su hija me llamó: «Pastor, mamá está hospitalizada. Por favor, vaya y minístrele».

Mientras me dirigía al hospital, pensé: «Pobre señora, tan ancianita que está. Debe necesitarme con urgencia».

Cuando llegué a su cuarto, me miró y me dijo:

—Lo noto más delgado. Siéntese, por favor.

Traté de hablarle de su enfermedad.

Ella me tranquilizó:

—Escuche, la gente se alborota demasiado por mi enfermedad. Mejor hablemos de otras cosas.

Empezamos a hablar y me dijo que teníamos que orar mucho, que tenía que mantenerme fuerte y otras cosas más. Comenzó a ministrarme citando incluso las Escrituras. Cuando me despedí, me sentí tan reconfortado que le dije:

—Cuando me sienta deprimido, vendré a verla.

Pasados los noventa, todavía se ve fuerte, vive en los Estados Unidos y es una mujer feliz. Los cristianos deberían ser como ella, nunca dejarse dominar por los años y renovar constantemente —como las águilas—, su juventud.

Estos son algunos ejemplos de depresión normal que, como decía, todos experimentamos. Aunque algunos tienen ataques más fuertes y más prolongados que otros, no hay razón para sentirse culpable. La depresión es una realidad de la vida.

Depresión anormal

La depresión neurótica es anormal y requiere tratamiento. Con la depresión normal, uno conoce la causa y sabe que «eso también pasará».

Sin embargo, una persona neurótica depresiva, siente depresión sin razón aparente. Esto es algo inconsciente, puede convertirse en un estilo de vida y desarrollar un estado crónico, de modo que la persona disfruta su depresión. Su canción favorita llega a ser: «Estoy muriendo de amor».

Hay dos causas básicas para la depresión neurótica. Una es un profundo sentimiento de culpa y la otra, una profunda rabia interna.

Muchas personas usan la depresión como autocastigo. Piensan que no merecen ser felices; por lo tanto, se torturan con sentimientos de depresión constante.

Cuando entendemos las razones que causan la depresión, podemos tratar con ella y vencerla. La culpa o la rabia son los culpables de la depresión anormal de todas las personas que vienen buscando consejo.

Algunos años atrás, una bella señorita —perteneciente a una familia rica— vino a verme porque sufría de migraña. Había visto a cinco neurocirujanos y a varios siquiatras en los Estados Unidos, pero nunca había hablado con un pastor.

Por alguna razón, decidió hablar conmigo. Me pareció que quería que le citara algo de la *Biblia* y que orara con ella, para luego volver a casa y decir: «Lo intenté y tampoco me ayudó».

Sin embargo, después de un rato, me percaté de que usaba la migraña como autocastigo. Empezamos a hablar de su niñez y sus antecedentes. Me contó que cuando tenía unos doce o trece años, su madre le pidió que se cambiara el vestido que usaba porque no le gustaba. Cuando esta típica escena ocurrió, la hija se sintió ofendida porque no creía que el vestido fuera inapropiado. Pensó: *Algo malo ocurre conmigo por elegir precisamente ese vestido.*

La madre regañó a la hija por su «mal gusto» al escoger aquel vestido y la hija insistió en que no se lo quería cambiar. Ante la insistencia de la madre, la hija expresó su enojo de manera abrupta. Salió de la casa dando el portazo más fuerte que pudo. Esa noche, mientras la hija estaba fuera de casa, la madre murió.

Pasaron los años y la joven empezó a experimentar dolores de cabeza todos los martes. Al analizar eso, me dio detalles que no mencionó antes. Me dijo: «Nunca olvidaré aquel martes en la noche cuando mi madre murió».

Inmediatamente, me di cuenta de la raíz de su conflicto y así se lo manifesté. El martes siguiente al día de nuestra conversación, no tuvo migraña. Me gustaría poder decir que este fue el final de la historia, pero la migraña volvió a la tercera semana. Obviamente, la joven no enfrentó su sentimiento de culpa con efectividad, porque nunca más volvió a verme. Todo lo que pude hacer por ella fue orar y pedir que alguien, en alguna parte, pudiera ayudarla y terminar con el tormento de su culpa.

No hace mucho tiempo le ministré a un joven abogado. Vino a verme porque aunque fue un estudiante destacado en la escuela de leyes, no podía entenderse con sus compañeros de trabajo.

«No sé lo que me está pasando», me dijo, «pero no puedo entenderme con ellos. Incluso, mi jefe me mira de una forma muy extraña».

Después de dos sesiones, el problema salió a flote. El joven abogado tenía un profundo sentimiento de culpa porque fue a la escuela de leyes a expensas de su hermano menor, que no tuvo oportunidad de ir a la universidad. Ahora trataba de castigarse al no poder trabajar bien como abogado. En su subconsciente, se decía: *No mereces ser abogado. No mereces estar trabajando en esta oficina. Eres un inadaptado. No puedes trabajar aquí.*

Cómo luchar con la culpa y la rabia

La culpa conduce a la depresión, siempre. ¿Cómo romper la barrera de la culpa? Examinemos algunos pasajes bíblicos que nos hablan de ella.

Por cuanto todos pecaron, y están destituidos de la gloria de Dios (Romanos 3.23). *Todos* han pecado. En ese versículo hay sanidad. Es importante saber que uno no es el único que ha pecado o que es culpable. Toda la humanidad es culpable. La culpa no es algo exclusivo de nadie.

El Antiguo y el Nuevo Testamento, versículo tras versículo, señalan que en el corazón del hombre yace un sentimiento de culpa. Sin embargo, Dios siempre provee una salida. Su propósito no es atraparnos con la culpa; es más, a cada sentimiento de culpa le provee una salida. Así es el amor de Dios por nosotros.

Cuán bueno es saber que en medio de este dilema Dios tiene una respuesta. Juan, el teólogo, nos dice: *Hijitos míos, estas cosas os escribo para que no pequéis; y si alguno hubiere pecado, abogado tenemos para con el Padre, a Jesucristo el justo* (1 Juan 2.1).

Tenemos un Abogado, un Defensor, un Intercesor ante el Padre, a Jesucristo el Justo. Si pecamos, Dios sabe que tarde o temprano nos sentiremos culpables. Y debido a ello, nos da una respuesta inmediata: Jesucristo es nuestro defensor. Él es el único que se preocupa por nosotros y nos defiende mientras el Espíritu Santo ministra a nuestras vidas.

El primer paso para deshacernos del sentimiento de culpa es reconocerlo.

Algunas veces ese sentimiento se presenta en forma encubierta, de manera, que la persona no se da cuenta. Como cristianos tendemos a negar los sentimientos y las experiencias. Con frecuencia, participamos en una emotiva adoración a Dios, pero no dejamos que afloren nuestros verdaderos sentimientos.

Una joven vino a verme debido a su depresión y hablamos del sentimiento de culpa. Me dijo: «No, no me siento culpable de nada. Mi mente está perfectamente clara».

Sin embargo, a medida que avanzábamos en la sesión, pudo confrontar el hecho de que por varios años estuvo tan resentida con su madre que era incapaz de reconocerlo. Desarrolló un terrible sentimiento de culpa debido a que la odiaba. Y como nunca pudo expresar ese odio, la culpa le carcomía por dentro.

Un colega ministro perdió a su hijo a causa de un cáncer cuando aún era adolescente. Nunca logró perdonar a Dios por haberle llevado a su hijo. Aunque predica y enseña la Palabra de Dios, muy dentro de él hay un profundo coraje contra Dios.

Hablando un día con este ministro, le dije:

—Quiero invitarte a hacer algo muy doloroso.

—¿Qué? —me preguntó.

—Quiero que te arrodilles conmigo y le digas a Dios: «Te odio porque te llevaste a mi hijo».

Me miró sin creer lo que oía y me dijo:

—Sabes que no voy a hacer eso. No estoy enojado con Dios.

—Entonces, ¿con quién estás furioso?

—No estoy furioso con nadie.

Sacó un cigarrillo, se lo puso en la boca, lo encendió y empezó a fumar, sabiendo que con cada inhalación estaba acortando su vida. Tenía úlceras sangrantes y sabía que con cada cigarrillo las hacía sangrar más.

—Es duro lo que te digo. Lo sé. No solo estás enojado contigo mismo, sino que estás furioso con Dios. Pero en lugar de decirle toda la verdad y olvidarte del asunto, te quieres castigar por el sentimiento de culpa que tienes debido a ese odio.

Dios nunca espera que uno se sienta de una manera o de otra. Seamos sinceros con nosotros mismos. Reconozcámoslo de una vez y digamos: «Sí, estoy furioso».

En cierta ocasión una dama radiante con una hermosa sonrisa en su rostro, vino a verme. Durante la oración, el Señor le reveló un profundo coraje contra su esposo.

Ella reconoció el coraje ante su esposo:

—Sí, querido, estoy muy enojada contigo.

—¿Por qué? —le preguntó sorprendido.

Ella le dijo la razón y le expresó su enojo. El esposo se sintió liberado y ella también.

Uno puede decir que no está enojado con su cónyuge, con sus padres o con sus hijos, pero no tiene que usar palabras. Así se comunica la rabia, de una u otra forma. La ira expresada con palabras puede provocar mucho dolor. Una de las formas en que los matrimonios expresan su coraje es evitando la intimidad en sus relaciones íntimas.

Examínese con sinceridad. Hay muchas formas de expresar coraje reprimido. A menudo una persona comete actos que son absolutamente inconscientes, con resultados igualmente inconscientes.

> *En el momento en que se enfrente el coraje, se reconozca y se confiese, este comenzará a desaparecer.*

Muchas personas dicen algo ofensivo e inmediatamente lo corrigen, diciendo: «No quise decir eso». Pero lo hicieron.

Usted no puede ocultar sus emociones. Mientras más pronto las acepte mejor se sentirá. En el momento en que se enfrente al coraje, lo reconozca y lo confiese, este comenzará a desaparecer. La emoción no permanecerá en usted más tiempo del que le permita. Si una persona está furiosa y habla de su enojo, la ira empieza a desvanecerse. Siempre se puede hacer algo para lograr su propia sanidad.

Depresión demoniaca

Además de la depresión normal y la neurótica, tenemos también la depresión demoniaca.

Muchos sicólogos seculares no estarán de acuerdo conmigo acerca de la depresión producida por fuerzas demoniacas, pero creo en la personalidad de los demonios. Creo que existen los espíritus malos, que pueden poseer a las personas y que pueden afectar el comportamiento humano. Una persona puede deprimirse profundamente debido a esa influencia demoniaca.

Hace algunos años, mientras era estudiante de un seminario en Atlanta, Georgia, tuve la siguiente experiencia. Una noche, cuando estudiaba, vino una tremenda aflicción sobre mí, aparentemente sin razón alguna. Aquello me envolvió como en una niebla. Me asustó tanto que le pedí a mi esposa que no me dejara solo. Era algo muy pesado; y me percaté de que no se trataba de un problema sicológico. Tenía que ser algo satánico.

Me examiné. Ese día había estado muy contento. Iba muy bien en mis estudios y la relación con mi familia era la adecuada; en el más amplio sentido de la palabra: todo estaba bien. Sabía que se trataba de un ataque de abatimiento proveniente de Satanás. La única forma de contrarrestarlo era ejercer autoridad en el Nombre de Jesús sobre ese sentimiento y ordenarles a aquellos poderes satánicos que se fueran, y así lo hice.

Usted debe entender la autoridad que tiene como creyente y lo bien equipado que está para contrarrestar esas fuerzas malignas.

El capítulo seis de Efesios provee las armas que necesitamos para pelear contra nuestro «enemigo invisible».

Por lo demás, hermanos míos, fortaleceos en el Señor, y en el poder de su fuerza. Vestíos de toda la armadura de Dios, para que podáis estar firmes contra las asechanzas del diablo. Porque no tenemos lucha contra sangre y carne, sino contra principados, contra potestades, contra los gobernadores de las tinieblas de este siglo, contra huestes espirituales de maldad en las regiones celestes. Por tanto, tomad toda la armadura de Dios, para que podáis resistir en el día malo, y habiendo acabado todo, estar firmes (Efesios 6.10-13).

El versículo 10 nos da una orden: *Fortaleceos en el Señor, y en el poder de su fuerza.* Se le manda estar firme en el Señor. No es una alternativa.

Por eso es que los creyentes que solo asisten a la iglesia los domingos casi siempre son cristianos débiles. Un creyente fuerte no puede alimentarse únicamente los domingos. ¿Ha tratado de comer solo una vez a la semana? Los cristianos que en verdad quieren madurar para enfrentar la vida necesitan más sustento espiritual.

Vestíos de toda la armadura de Dios, para que podáis estar firmes contra las asechanzas del diablo. Los cristianos no solo tienen conflictos con su naturaleza humana, sus emociones, sus sentimientos, sus mentes y sus cuerpos; sino también *contra principados, contra potestades, contra los gobernadores de las tinieblas de este siglo, contra huestes espirituales de maldad en las regiones celestes.*

Lea Efesios 6.10.20 donde el apóstol Pablo enseña cómo usar la armadura para resistir las fuerzas demoníacas que nos asedian.

Poder sobre las fuerzas demoníacas

En uno de mis viajes a Colombia, un pastor presbiteriano me pidió que subiera al tercer piso del edificio donde estábamos. Al entrar a un cuarto, vi a dos hombres sujetando a un jovencito muy deprimido que quería saltar por la ventana. Me pidieron que le ministrara.

En cuanto abrí la Biblia y comencé a leerle una porción de las Escrituras, empezó a reírse con tanta fuerza que se doblaba. Usando una risa demoniaca espantosa, como la de una persona completamente loca, empezó a mofarse de mí.

Fue imposible ministrarle hasta que pude hacerlo repetir 1 Juan 1.7: *Pero si andamos en luz, como Él está en luz, tenemos comunión unos con otros, y la sangre de Jesucristo su Hijo nos limpia de todo pecado.* Cuando el jovencito dijo aquello, quedó libre. De inmediato se me acercó y me abrazó disculpándose. Luego tomó la *Biblia* y adoró con nosotros.

La sangre de Cristo Jesús es una de las armas más poderosas contra las fuerzas demoniacas. Como hijo de Dios, usted tiene derecho de apropiarse de la sangre preciosa de Jesús para su vida y sus problemas.

Algunos sociólogos, sicólogos y orientadores matrimoniales, recalcan los principios sicológicos en consejería, pero fallan al no considerar la posibilidad de poderes demoniacos actuando en una situación particular. A veces esos poderes toman posesión de niños, haciendo que queden completamente fuera de control, causándole conflictos a toda la familia.

Muchos divorcios se deben a las fuerzas demoniacas que actúan en el hogar. Uno o ambos miembros del matrimonio pueden ser influenciados por esas fuerzas, de manera que le obligan a separarse de su cónyuge.

Esposo o esposa, quiero darle algunos consejos. Si su cónyuge no está actuando correctamente, de modo que la convivencia se hace difícil, y sospecha que algo anda mal, usted puede contribuir a un cambio en su comportamiento. Cuando él o ella, esté profundamente dormido, arrodíllese al lado de su cama y pídale a Dios que la sangre de Cristo lo cubra y que ate el poder de Satanás en su vida.

Siga el mismo procedimiento cuando su hijo no esté comportándose bien o cuando su hija se rebele. Pida que la sangre de Cristo cubra al hijo rebelde y ate el poder del enemigo.

Esta es la ventaja que los cristianos y los sicólogos cristianos tienen sobre los seculares. Esos sicólogos pueden tratar las fuerzas emocionales, las experiencias traumáticas, los sentimientos y las emociones; pero nosotros, como cristianos, podemos tratar otros aspectos también. Podemos lidiar con principios sicológicos, experiencias traumáticas, sentimientos de culpa, ira, miedo y, además, podemos luchar contra los poderes invisibles a través de la sangre de Cristo.

Tres cosas a las que Satanás teme

Usted debe saber que hay tres cosas a las que Satanás teme, a fin de prepararse adecuadamente para luchar contra él.

Le tiene un miedo terrible *al nombre del Señor Jesucristo* porque sabe que *no hay otro nombre*

La sangre de Cristo es una de nuestras armas más poderosas contra las fuerzas demoniacas.

bajo el cielo, dado a los hombres, en que podamos ser salvos (Hechos 4.12). También sabe que *en el nombre de Jesús se dobla toda rodilla* (Filipenses 2.10).

Satanás le teme a *la sangre de Cristo* porque sabe que fue esa sangre derramada en la cruz del Calvario la que finalmente lo derrotó. *Sin derramamiento de sangre no se hace remisión* (Hebreos 9.22). Jesús derramó su sangre por nosotros, nos redimió de nuestra culpa, pecado y miedo, y ahora podemos confiar que lo hizo una vez y para siempre. Satanás sabe y teme al poder de la sangre de Cristo porque no puede enfrentarla.

La Palabra de Dios es otra temible arma contra el enemigo. Cuando usted cita la Escritura para su propio beneficio, está fortaleciendo su capacidad de lucha contra Satanás. *En mi corazón he guardado tus dichos, para no pecar contra ti* (Salmo 119.11), dice el salmista.

La Palabra de Dios es la única obra literaria sobre la tierra que tiene el poder inherente para crear fe en la persona. Por eso el apóstol Pablo les dijo a los romanos: *La fe es por el oír, y el oír, por la palabra de Dios* (Romanos 10.17).

Si quiere tener fe, escuche a la Palabra de Dios. Ella creará fe dentro de usted. Asista a una iglesia donde se predique la Palabra en el poder del Espíritu Santo, *porque la letra mata, mas el espíritu vivifica* (2 Corintios 3.6). La *Biblia*, ungida por el Espíritu Santo, es la fuente suprema de fe para cualquier ser humano.

La fe echa fuera el temor. Además, no olvide lo esencial en su lucha contra Satanás: confiese sus pecados y su culpa ante el Padre, y si ofendió o trató mal a otra persona, discúlpese y pídale perdón. El Padre perdonó su pecado y usted debe perdonar a otros para quedar libre del peso de la culpa.

Culpa neurótica

La culpa neurótica tiene una característica que debemos conocer, mientras más se confiesa, peor se pone. La culpa neurótica se reafirma con la repetición, por lo que muchos cristianos van al altar una y otra vez.

Después de predicar en una iglesia presbiteriana, en los Estados Unidos, un joven pasó adelante y empezó a decir: «Señor, perdóname, Señor, perdóname; Señor, perdóname». Mientras repetía esas palabras, me arrodillé a su lado y escuché su agonizante pedido de perdón. Lo que no sabía era que mientras más pedía perdón, más sentía que no era perdonado.

La culpa neurótica rehúsa la confesión. Muchos cristianos están en las garras de la culpa neurótica porque confiesan la misma culpa una vez tras otra. Mientras más la confiesan, más se reafirma y más se fortalece el sentimiento de culpa.

Toda culpa tiene una fuente, no aparece como por arte de magia. Sus sentimientos de culpa tienen un motivo, en alguna parte o de alguna manera. O cometió algo o le hicieron creer que lo que hizo fue tan malo que prolongó su sentimiento de culpa. Si no la erradica, se mantendrá molestándole por años.

Una elegante y angustiada joven, vino un día a verme. Estuvo tomando píldoras para dormir cada noche por los últimos once años. El insomnio, a menudo, se debe a un profundo sentimiento de culpa por algo que no le deja descansar.

Ella me dijo: «No entiendo por qué no puedo dormir. No sé lo que me pasa».

Un día, en el curso de una sesión de consejería, me contó un triste incidente en su pasado. Siendo una jovencita, vio por el ojo de la cerradura a su tío acostado con una mujer que no era su esposa.

—¿Cómo te sentiste? —le pregunté.

—Horrible —me dijo—, tanto que no quise seguir mirando.

—Pero miraste de nuevo, ¿verdad? —la pregunté.

—Sí. Lo hice.

—¿Qué sentiste?

—No sé exactamente.

Trabajamos hasta que reconoció que había deseado ir a la cama con su tío.

En ese momento, le dije:

—Muy bien. ¿Realmente crees que fue eso?

—Sí.

—Entonces, hablemos más de eso.

Y hablamos. Luego invitamos al Señor a que participara en nuestra conversación y oramos: «Señor, hazte cargo de este sentimiento de culpa porque tu Palabra dice que la sangre de Cristo nos limpia de todo pecado».

Esta jovencita fue liberada de tan destructivo pasado y ahora duerme tranquila sin píldoras. Después que la culpa se trata apropiadamente, aceptándola y liberándola, el perdón se convierte en una realidad y la vida sigue su curso normal.

La confesión puede llegar a ser una dependencia neurótica cuando usted se limita a repetir cosas y no va a la causa o raíz del problema. En consejería, nos enfrentamos a la culpa neurótica cuando tomamos la culpa con seriedad y descubrimos exactamente lo que está atormentando a la persona. Cuando hacemos esto, erradicamos la causa y el sentimiento de culpa se desvanece.

El ciclo de la ansiedad

Una *situación irritante* causa
Frustración, la que a su vez produce
Ira la cual, a su turno, alimenta
Sentimientos de *culpa* que a su vez producen
Depresión, que al mismo tiempo agrava
La *situación irritante que*
Produce la *frustración*, y el ciclo de
ansiedad se restablece.

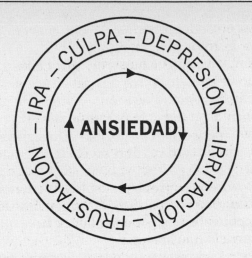

Esta ilustración del ciclo de ansiedad se explica casi sola. El ciclo empieza con la frustración que es causada por alguna situación irritante.

La frustración es una realidad de la vida.

Sin embargo, el nivel de tolerancia a la frustración de una persona, puede ser alto o bajo. Una persona con un bajo nivel de tolerancia no puede enfrentar la frustración sin abatirse. Esa tolerancia la ejemplifica el niño que golpea el suelo con el pie y exige: «Quiero lo que quiero cuando lo quiero».

Se ve en el adolescente inmaduro que le dice a su padre: «Te escuché, pero voy a hacer lo que a mí me plazca porque eso es lo que quiero».

Y se manifiesta en el adulto que no se ha desarrollado espiritual o emocionalmente que dice: «Sé que debería estar en la iglesia, pero no iré».

Usted puede ayudar a su hijo a desarrollar un alto nivel de tolerancia a la frustración enseñándole que está dispuesto a hacer cualquiera cosa con él y para él, si puede y las condiciones se lo permiten. Él tiene que aprender que, aun cuando le prometió ir a pescar juntos el sábado por la mañana, si se presentan condiciones imprevistas que le impidan ir, no se va a deprimir ni a molestar. Y usted no se sentirá culpable por no poder ir porque, de otra manera, él usará su sentimiento de culpa para manipularlo.

Esto también significa que si tiene tres hijos y le lleva un regalo a uno de ellos, los otros dos deben aceptar que habrá regalos para ellos en otra ocasión. En lugar de disgustarse, los dos deben alegrarse con el favorecido. Poco a poco, a través de las experiencias diarias, los padres pueden enseñar a sus hijos cómo tener un alto nivel de tolerancia ante la frustración.

En una ocasión le prometí a mi hijo menor que iríamos a la playa un día en específico. Un miembro de la iglesia murió el día que íbamos a ir a la playa y tuve que hacerme cargo del servicio fúnebre.

Aunque mi hijo estaba un poco frustrado, mi responsabilidad era hacerlo entender la situación. También era mi responsabilidad no permitir que me manipulara. Tenía que negarle cualquier cosa que él quisiera como compensación del frustrado viaje a la playa. Lo hice, con amor y madurez. Veinte años después, me dijo: «Papá, me enseñaste bien. Gracias».

La frustración es producto de esperanzas malogradas. Si las limitamos y somos realistas en entender que no siempre podremos lograr lo que deseamos, disminuiremos la frustración.

Cómo enfrentar la frustración

Hay dos cosas que usted puede hacer con estos factores frustrantes: Eliminarlos o acostumbrarse a vivir con ellos.

Puede eliminarlos, o decir: «Señor, renuncio a mi derecho a ser, y no ser, perturbado». Cada vez que se disponga a renunciar a sus derechos, los factores que producen frustración se reducirán o desaparecerán por completo.

Por ejemplo, si llega a una intersección y tiene el derecho de vía, pero alguien en otro automóvil insiste en pasar antes, usted se irrita y se frustra. Se enoja porque tiene el derecho de vía, y en base a ello, quiere ejercerlo. Insiste en hacer uso de su derecho porque la ley, el sentido común y su carnalidad le dicen que debe pasar primero. Sin embargo, si voluntariamente renuncia a su derecho de pasar antes que la otra persona, elimina su frustración.

En el ciclo de la ansiedad, las situaciones irritantes o los episodios desagradables originan frustración. Siempre habrá frustración. *Cuando* se presente, la aceptará o no, dependiendo del nivel de tolerancia a la frustración que tenga.

Usted puede elevar su nivel de tolerancia a la frustración aprendiendo a aceptar sus limitaciones. Mientras más avance en esto, menos necesitará expresar hostilidad.

Aprender a someterse a la disciplina también ayuda a elevar el nivel de tolerancia a la frustración y le capacita para enfrentar con mayor efectividad el ambiente. Si no aprende a aceptar las frustraciones diarias de la vida, sin duda que la ira le provocará un estado crónico de tensión, y eso le llevará a la depresión.

La frustración siempre produce ira. Eso lo puede ver incluso en un bebé recién nacido. Sujétele su manita y verá cómo se enoja. Lo frustra el hecho de que no se pueda mover y su frustración lo lleva a enojarse.

El enojo alimenta la culpa. En el momento en que usted se enoja, siente culpa. Si el coraje se expresa normalmente, esto es, que no se guarda, se desactiva. Si se guarda y se vuelca hacia uno mismo, produce una profunda depresión y puede conducir al suicidio. El coraje normal es coraje expresado. La depresión no es otra cosa que coraje acumulado dentro de la persona.

Por eso es tan importante enfrentar el coraje en todos los niveles. Cuando usted se enoja, necesita expresar ese enojo. La Biblia explica que la ira no es un pecado a menos que le dé asilo. Pero el guardar el coraje produce odio o resentimiento, lo cual sí es pecado. Cuando usted se enoja no está cometiendo pecado, por lo tanto no tiene por qué sentirse culpable. Véase Efesios 4.26-27.

Quisiera que cada hijo se sintiera tan libre como para decirle a su madre o a su padre: «Tengo coraje contigo por lo que me acabas de decir. Tengo coraje con ustedes dos».

Permítame decirle, que no son los demás los que nos hacen enojar. Soy yo mismo el que me enojo por lo que me hacen o dicen. Soy yo quien decido si me enojo o no.

Por eso debe dejar de culpar a los demás por aquello que le hace enojar. Usted mismo se hace enojar. En un capítulo más adelante volveremos al tema del enojo, pero quiero que se dé cuenta que cuando el coraje se confronta con efectividad y desde la perspectiva bíblica, nunca hiere a nadie.

Rompa el ciclo de ansiedad

Cada vez que usted u otra persona se depriman, busquen allí enojo y culpa. Si no enfrenta su enojo y su culpa en forma inmediata, llegará la depresión, continuará alimentando la frustración y el ciclo de la ansiedad seguirá su marcha.

Podemos describir la ansiedad como la distancia entre el punto «A» y el punto «B». Lo que le frustra no es lo que suceda en el punto «A» o lo que más tarde vaya a ocurrir en el punto «B». La frustración se desarrolla durante el tiempo en que usted no sabe qué hacer. Esto origina la ansiedad.

¿Cómo romperlo?

La respuesta es una breve palabra: «perdón».

El coraje se anula cuando el perdón mora en el corazón. La depresión empieza a irse porque se rompe el ciclo y se abre la puerta para que regrese la paz.

Contrario a la creencia popular, el perdón no es una emoción. Una emoción no se puede controlar.

Si usted le dice a alguien: «Quiero que empieces a llorar», lo más probable es que se ría. No se le puede ordenar a una persona que sea feliz. No puede ordenarle a alguien que le ame.

Cuando el perdón se somete a la autoridad de su voluntad, entonces estará en condiciones de perdonar voluntariamente. Perdonará no porque *siente* perdonar, sino porque *decide* perdonar. Si va a esperar a sentir deseos de perdonar, lo más probable es que esperará un buen rato.

Perdonar es una decisión.

Si alguien le hace daño, si le hiere, debe ejercer autoridad en el nombre de Jesús y decidir que perdonará a esa persona. Mientras más pronto perdone, mejor se sentirá. El verdadero perdón no se expresa con palabras. Se expresa con actitudes.

Si Juan me hiere seriamente, no es suficiente que le diga: «Juan, te perdono, porque la *Biblia* dice que tengo que hacerlo. Me caes mal, pero te perdono. Espero no verte nunca más». Esa es una forma de expresar el perdón, pero unido a la hostilidad. El verdadero perdón sale de adentro, del corazón, y no solo de los labios.

El Espíritu Santo le ayudará a perdonar tan pronto se percate de que quiere hacerlo, aun cuando sienta que no puede. Entréguele a Jesús ese espíritu rencoroso.

Frecuentemente puedo detectar un espíritu no perdonador en una persona con solo verle la cara. Los músculos de la expresión, particularmente alrededor de los ojos, están tensos. El no perdonar ata a la persona.

Entréguele al Señor su actitud de no perdonar y será libre. La persona con un espíritu perdonador está protegida de las aflicciones la mayor parte del tiempo.

Antes que exprese efectivamente el perdón, debe identificar a quién o qué está perdonando. Eso significa que está tomando con seriedad la ofensa y al ofensor. Solo entonces podrá perdonar de manera auténtica.

Dinámica sanadora

Si es posible, forme una pareja con alguien que no sea un familiar ni un amigo cercano. Simplemente, ábrale su corazón a esa persona. Si está solo, le animo a que se imagine que está hablando con alguien.

Exprésele a esa persona, sea real o imaginaria, algún enojo o culpa que sienta hacia alguien. No entre en detalles.

Luego, si la otra persona está con usted, quiero que ponga las manos sobre su cabeza, y diga con autoridad: «En el nombre de Jesús, te libero de tu culpa y de tu enojo». El procedimiento puede hacerse también al revés, es decir, con la otra persona. Ella le expresará su carga, y usted le impondrá sus manos.

Si está solo, pídale al Señor que le perdone y le limpie de toda emoción que le oprima.

Participar en esta dinámica puede doler, pero solo será temporalmente. El propósito es ayudarle a liberarse expresando sus sentimientos, sean negativos o positivos. Es importante que aprenda a ser usted mismo ya que Jesucristo le acepta tal como usted es; por lo tanto, debe aprender a aceptarse usted también.

Nunca tendrá salud mental y emocional hasta que reconozca su enojo, su culpa, su resentimiento o sus emociones. Cuando pueda decir: «Estoy furioso» o «Me siento deprimido», o «Tengo celos», en ese momento estará entrando en el proceso de una sanidad verdadera.

Estará libre para decir, como David, en el Salmo 60.30:

«Alabaré yo el nombre de Dios con cántico, lo exaltaré con alabanza».

4

A PUNTO DE PERDER
LA CALMA

Un día, una dama muy refinada me visitó en mi consultorio. Después de hablar un momento le pregunté si estaba enojada.

—¡No, señor. No estoy enojada! —fue su rápida respuesta.

—¿Seguro? ¿No está enojada con su esposo?

—No, no estoy enojada con nadie.

—¿Entonces está deprimida? —recalqué.

—¡Sí, estoy deprimida! —reconoció.

Sabía que estaba enojada. La depresión y el enojo van de la mano. Entonces le dije:

—Así que no está enojada, pero imagínese que mi mano es la nariz de su esposo y quiere golpearla.

Ella trató de convencerme.

—No. No le haría eso a mi esposo. No, señor. No golpearía a nadie. No estoy enojada.

Su voz decía una cosa, pero su cuerpo expresaba todo lo opuesto. Cuando habló de su esposo, crispó los dedos, y palideció.

—No se mueva —le dije—. ¡Mire sus manos!

Se las miró y señaló:

—No hice nada para que estén así. No estoy enojada.

—¿Cómo se siente cuando las manos se le ponen así? —le pregunté.

De repente, golpeó el brazo de la silla donde estaba sentada y dijo:

—¡Sí, estoy enojada!

Le tomó media hora aceptarlo. Después pudo sacar de su interior todo eso y confrontarlo.

Airaos, pero no pequéis

«Airaos, pero no pequéis; no se ponga el sol sobre vuestro enojo» (Efesios 4.26).

En los capítulos anteriores hablamos indirectamente del enojo, pero en este quisiera enfocar la atención en esta emoción. Aunque el enojo no es necesariamente una emoción negativa, se puede entender y expresar de manera apropiada para que no sea perjudicial. Si se manifiesta en forma incorrecta, puede afectar su salud mental y espiritual e incluso llegar a destruir su cuerpo.

El enojo es una reacción a un sentimiento amenazante. La persona se enoja cuando se siente amenazada.

Si de repente alguien lanza una bola y le pega con ella en la cabeza, su primera reacción es de enojo. ¿Por qué? Porque su integridad física se vio amenazada.

Si usted no puede expresar ese enojo en una manera adecuada, se frustra. La frustración, por lo tanto, lleva a más enojo y, si ese enojo se asimila, puede llevarle a la depresión.

Si la persona que le golpeó con la bola en la cabeza se le acerca y le dice: «Lo siento. No fue mi intención golpearlo. Por favor, acepte mis disculpas», de inmediato su enojo se disipa y desaparece. El escape se debe a que pudo canalizar adecuadamente su enojo, ya que pudo responder: «Está bien. No fue nada».

Lo que en realidad dice con eso es: «Ya no me siento amenazado». Eso es lo que yace tras su reacción.

Acepte el enojo como algo normal. Eso no es para avergonzarse o sentirse culpable. Efesios 4.26 dice: «Airaos, pero no pequéis».

> Acepte el enojo como algo normal. Eso no es para avergonzarse o sentirse culpable.

Si alguien le golpea con una bola, usted se enoja. Con eso lo que dice es: «Oye, has amenazado la seguridad de mi cuerpo y necesito protegerme».

El enojo es una manera de decir: «Quiero proteger mi cuerpo de más daños». Exprese su enojo. Si alguien le golpea en la cabeza, enójese, pero manifiéstelo en forma adecuada.

Si pone en la cocina una olla a presión tapada y aumenta la temperatura hasta que la presión alcance niveles peligrosamente elevados, se está buscando un problema. Tarde o temprano esa presión buscará una forma de escapar, si no la olla estalla.

Eso es exactamente lo que ocurre con el enojo. Enojarse no es el problema, pero debe ser liberado o de lo contrario causará otros conflictos.

Por eso el versículo de Efesios que citamos dice: «Que no se ponga el sol sobre vuestro enojo». Esto nos habla de perdón.

No es la rabia lo que duele. Lo que realmente hiere es cuando esa rabia no se libera en la forma apropiada.

El problema no es que el esposo le grite a su esposa porque no le planchó bien la camisa. Lo que él hizo fue manifestar su enojo. El verdadero problema viene cuando el esposo toma la camisa arrugada y finge, diciendo: «Está bien, mi amor. Me pondré otra camisa». Lo que en realidad hace es negarse a sí mismo, y sus sentimientos en una forma incorrecta.

Si un esposo llega a la casa ebrio y al día siguiente su esposa le dice: «No me di cuenta que llegaste borracho», ella se está negando a sí misma en una forma errónea. Sería mejor si esa esposa expresara su enojo.

Libere la presión

El peligro viene cuando usted se enoja y no lo expresa. Arde por dentro y la presión se acerca al punto de explotar, pero la rabia sigue ahí. Un día, ese enojo reprimido le enfermará los intestinos y el estómago. El doctor le dice que tiene una úlcera sangrante y usted se pregunta: *¿Por qué?*

El doctor le puede decir muchas cosas. Una de ellas podría ser que sus emociones están, literalmente, estrujando su estómago. Ahora, no digo que todas las úlceras sangrantes son causadas por enojo reprimido, pero muchas lo son. Y si el enojo persiste, puede llegar a producir una hemorragia cerebral. Si la presión aumenta demasiado, esa pequeña arteria en la base de su cerebro explota.

Cuando la Biblia dice: «Enójese», le provee una forma para que se proteja de presiones innecesarias. Algunas personas, sin embargo, creen que ser cristiano significa incapacidad para expresarse de manera auténtica. Esa presión de enojo reprimido se manifiesta en especial en los predicadores, sus familias y los líderes cristianos.

Muchos cristianos temen expresar su enojo por miedo a arruinar su testimonio o su reputación como creyentes. Es cierto que cuando hacemos algo incorrecto o expresamos enojo, el mundo se apresura a decir: «¡Oh! ¿Y eso que es cristiano? Va a la iglesia con una Biblia bajo el brazo y mira lo que está haciendo».

Le aseguro que está en su derecho de expresar su enojo. Satanás y su influencia siempre trata de destruir la Iglesia de Cristo. El mundo quiere que usted se sienta culpable cada vez que se desvía de los patrones que traza para los cristianos.

Un día le pedí a un empleado de nuestra iglesia que hiciera algo. Era importante que lo hiciera en la mañana. A las cuatro de esa tarde, lo llamé a mi oficina y le pregunté:

—¿Terminaste el trabajo que te pedí que hicieras?

—¡Oh!, se me olvidó —me dijo.

—Eres un irresponsable —le dije—. Debería despedirte. O tomas las cosas en serio o tendrás que irte.

Estaba realmente molesto.

Poco después volví a llamarlo a mi oficina. Lo abracé y le dije:

—Ya me siento mejor. Te amo, muchacho. No te voy a despedir. Tú eres humano. Trata de que no vuelva a ocurrir.

Debido a que lo confronté con su actitud negligente, ha madurado espiritualmente y aprendió que yo también soy humano. Expresar el enojo y «ventilarlo» entre nosotros fue más provechoso que si hubiera dejado que creciera dentro de mí.

Si me hubiera dejado influir por las opiniones de los demás y hubiese dicho: «¡Está bien!, se suponía que tenía que hacer lo que le mandé pero no lo hizo, no se preocupe, no hay problema», aquello habría sido devastador para mi salud mental y para mi estómago. Habría deshumanizado a mi amigo y él nunca habría madurado como cristiano.

Libre para enojarse

Para los que duden acerca de mi aparente falta de paciencia con un empleado irresponsable, examinemos algunos versículos bíblicos que tienen que ver con las acciones de Jesús.

Y entró Jesús en el templo de Dios, y echó fuera a todos los que vendían y compraban en el templo, y volcó las mesas de los cambistas, y las sillas de los que vendían

palomas; y les dijo: Escrito está: Mi casa, casa de oración
será llamada; mas vosotros la habéis hecho cueva de
ladrones (Mateo 21.12-13).

Juan, refiriéndose al mismo incidente, dijo: «Y haciendo
un azote de cuerdas, echó fuera del templo a todos, y las
ovejas y los bueyes; y esparció las monedas de los cambistas,
y volcó las mesas» (Juan 2.15).

Por mucho tiempo Jesús fue descrito como un hombre
pusilánime, con largos dedos y maneras afeminadas que
andaba humildemente con una aureola alrededor de su cabeza y cuya mayor misión era acariciar ovejitas.

Ese no es el Jesús de los Evangelios. Estos describen a un
hombre tostado por el sol de Israel, con una musculatura
desarrollada por el trabajo en la carpintería y un brazo derecho fuerte por el continuo uso del serrucho y el martillo.
Imagínese a Jesús entrando de repente en el templo, furioso
por lo que encontró allí, tomando aquellas mesas y volcán-
dolas, usando un látigo y expulsando a la gente de allí
mientras les gritaba, enojado.

Usted dirá: «Un momento. Ese no es el Jesús del que me
hablaron los místicos». Sí, ese es el verdadero Jesús, nuestro
único y suficiente Salvador. Hemos sido condicionados a
creer que Jesús no es humano. Lo deshumanizamos.

Cuando nos conducimos con normalidad, el mundo nos
acusa de no actuar como Jesús. Lo hacen porque no saben la
manera en que actuó Jesús. Él también experimentó el enojo
en una forma humana.

Quisiera mostrarle algo hermoso acerca de Jesús que los
cristianos con frecuencia pasan por alto. Pocos días después
de este incidente, el Señor Jesucristo murió por esa misma
gente a la que había expulsado del templo.

Cristo pudo haber dicho: «Esos malvados cambistas.
¿Saben lo que le hicieron a la casa de mi Padre? Esperen a
que llegue a la cruz porque le voy a decir a mi Padre: "Padre,
quiero excluir a esos de mi lista de amigos"».

En lugar de eso, dijo: «Padre, perdónalos porque no saben lo que hacen». ¿Ve ahora la victoria de la cruz? ¿Observa la belleza del enojo de Jesús? ¿Nota su humanidad expresada con libertad?

Cuando se enoje, es esencial que lo exprese. Una persona puede deprimirse a causa de su enojo, aunque no esté consciente de ello. Si le pregunta por qué está así, quizás su respuesta sea: «No. No estoy enojado». Así niega su propia emoción.

Estamos tan condicionados a sentirnos culpables por enojarnos que no estamos dispuestos a reconocerlo. Cuando nos deshumanizamos, cesamos de expresarnos como seres humanos. Así, empezamos a inhibir emociones que finalmente nos harán daño.

El enojo no es pecado ni hostilidad. Esta puede ser una expresión de ese enojo, pero no lo es *per se*. Como puede ver, el enojo es una reacción a un sentimiento de amenaza o frustración. Ahora veremos cómo atacar el enojo.

Cómo enfrentar el enojo

¿Cómo expresar el enojo en una forma satisfactoria que conduzca a una buena salud mental? He aquí cuatro pasos que nos ayudarán a enfrentar el enojo de una manera positiva.

1. Reconozca que está enojado.
Primero, «reconozca» su enojo. Posesiónese de él. Admítalo. Acéptelo y no lo niegue.

Permítame contarle una experiencia particular. Después de llegar a adulto, descubrí que estuve muy enojado con mi madre durante toda mi infancia y mi adolescencia. Mi madre fue una mujer preciosa y brillante. Dedicada trabajadora, siempre estaba tratando de hacer algo por los demás.

Como el menor de sus doce hijos, me veía —de manera inconsciente— como su seguridad en la vejez. Con frecuencia la oía decir: «Mi pequeño me cuidará cuando esté anciana».

Cada vez que lo decía un sentimiento de culpa me estremecía ya que era evidente que yo no estaba haciendo planes para ello. Mi intención era casarme y dejar el hogar así como lo hicieron mis once hermanos. La Biblia afirma que debemos honrar a nuestra madre y a nuestro padre, pero también dice que el hombre los dejará y se unirá a su esposa (Efesios 5.31).

Como es natural, el día llegó cuando me vi perdidamente enamorado de una cariñosa muchacha de hermosos ojos oscuros. En su casa, todos sus familiares observaban que yo no dejaba de mirarla.

Al regresar a casa, mi madre decía algo como: «Hijo, ¿dónde has estado?»

Como sabía que tener una noviecita destrozaría los planes de mi madre, le respondía: «Estaba con mis amigos».

En un sentido, era cierto. Los familiares de mi novia eran amigos míos, pero la verdad era que no estaba con mis verdaderos amigos; estaba con mi amada novia. Mi madre ponía una cara larga y triste porque sabía que estaba mintiendo. Lo único que lograba era que me sintiera más y más culpable, y que con su mirada me dijera: «Hijo, no quiero que te comprometas con esa muchacha. No la quiero».

Mientras más asimilaba ese mensaje más ansias me producía, y eso me enojaba. Pero era incapaz de expresar mi enojo y me hacía sentir culpable. Así se estableció un círculo vicioso de ansiedad, enojo reprimido, prohibido, interno, y nunca lo deseché.

Años después que mi madre murió, me di cuenta de que durante toda mi adolescencia sentí un profundo enojo hacia mi madre por tratar de manipularme. Cierto día, después de casado y cuando ya era padre de seis hijos, iba conduciendo mi automóvil y los recuerdos de aquellos primeros años de mi vida llenaron mis pensamientos.

Detuve el automóvil e hice como que hablaba con mi madre. Le expresé lo que debí decirle cuando era adolescente. Le dije, con mucha rabia: «Madre, me preguntaste con quién estaba. Estaba con mi novia y quiero casarme con ella. No me importa lo que pienses».

Mientras le hablaba así me puse tenso y sentí temor. La razón era que todos esos sentimientos estaban profundamente reprimidos en mi subconsciente. Aunque esta expresión auténtica de mis sentimientos fue pospuesta por años, tuve que decírselo. Cuando terminé de hablar, fluyó en mí un sentimiento de perdón y liberación. Perdoné a mi madre y me perdoné a mí mismo por haber estado enojado con ella. Ahora amo a mi madre más que nunca ya que soy libre para amarla. La verdad me hizo libre.

En mi adolescencia, si alguna vez me atreví a expresar enojo, me sentí culpable. Pero al reprimirlo, me enojaba conmigo mismo por ser un cobarde. No había manera de ganar. Este es el problema de la humanidad: se siente culpable si hace algo; y se siente culpable si no lo hace.

2. Renuncie al derecho de vengarse.

Una vez que controle el enojo, el próximo paso es renunciar a su derecho de herir a quien le hirió.

Olvídese de su derecho a la venganza. Cuando usted renuncia voluntariamente a ello se está protegiendo de daños emocionales.

Al morir en la cruz, Jesús renunció a su derecho y a la gloria que le correspondía como Hijo de Dios.

Renunciar a nuestros derechos, en la carne, es difícil. La sicología secular quiere que usted use sus propios recursos. Eso es humanismo. No hay nada en su persona que pueda traerle al punto de rendición, pero Jesús en usted renuncia a su derecho de vengarse; por lo tanto, puede hacerlo.

3. Comunique su enojo.

El tercer paso para enfrentar el enojo es expresar y comunicar sus verdaderos sentimientos. Si está enojado con un miembro de su familia, sea sincero con él y dígale: «Algunas cosas que haces me incomodan. En realidad, me irritan».

Al principio, eso puede causar una pequeña fricción, pero el resultado valdrá la pena. Si usted ora antes de decirlo y lo expresa en actitud amorosa, está en vías de hacer a esa persona libre.

Aun cuando no exprese su enojo en palabras, debe comunicarlo en una forma no verbal. Puede hacerlo dejando que la comida se queme un poquito, dando un portazo o en mil otras maneras. Por supuesto, también puede hacerlo verbalmente. No deje que la atmósfera se enrarezca.

Cuando llegue a casa y encuentre el ambiente un poco tenso, diga:

—¿Qué está pasando aquí? ¿Ocurrió algo hoy?

Si alguien dice:

—Nada —sabrá que algo ocurre.

Pregunte entonces:

—¿Cómo que nada?

—Llegaste tarde a cenar y ni siquiera llamaste por teléfono para avisar —viene la respuesta.

El enojo de esa persona está empezando a emerger en una comunicación verbal. Respóndale. Mantenga el diálogo.

4. Perdone y olvide.

Una vez que reconozca su enojo, renuncie a su derecho de venganza y comuníquele su enojo a la otra persona, perdónelo. Recuerde: Perdonar es una decisión. Así que perdone. La alternativa es mantener el rencor, pero eso solo le perjudicará.

Acepte el perdón de Dios y olvide el incidente. No piense más en eso. Perdone a los demás en la misma forma en que su Padre celestial le perdonó. Si es necesario, haga una cita con su pastor. Él le puede ayudar a vencer el enojo.

Cómo reconocer el enojo

Quizás se pregunte si hay formas de reconocer el enojo oculto en usted o en otros. Por lo general, varios síntomas apuntan al enojo como una causa o raíz escondida.

La *depresión* en una persona indica la posible presencia de enojo. Puede enojarse con un miembro de su familia, con algún amigo o quizás con su pastor. Si el problema es con este, es posible que su enojo sea con Dios. El pastor representa a Dios, de modo que airarse con el primero acarrea menos culpa que enojarse con Dios.

Los *olvidos* son frecuentes cuando hay enojo. Una esposa puede olvidarse de tener la cena lista para su esposo, o este puede olvidar encontrarse con aquella para almorzar juntos. Si empieza a olvidar cosas, examine cómo está su nivel de enojo. Quizás esté enojado con alguien, y lo exprese en una forma elegante, de modo indirecto, especialmente cuando olvida los cumpleaños importantes.

El enojo también puede ser fuente de *impotencia y frigidez sexual*. Cuando alguien viene a verme con esta clase de problema, sospecho que hay un enojo profundamente enraizado en su vida y trato de ayudarle a enfrentarlo. La imposibilidad de funcionar sexualmente es una manera de decir: «No me interesas. Me siento mal contigo».

Muchos *problemas sicosomáticos* se originan en la presión de enojos reprimidos. Médicos experimentados saben que muchas dolencias son causadas por esta ebullición interna. ¡Qué insensatez sufrir enfermedades o dolores innecesariamente! Libérese de esas toxinas emocionales venenosas.

Discusión e incompatibilidad son, a veces, nada más que enojos sin expresar. Las personas se enojan entre sí, pero en lugar de enfrentar ese enojo, se alborotan y discuten cosas que no tienen nada que ver con el asunto. Cuando se encuentre discutiendo o discrepando demasiado con alguien, trate de descubrir por qué está enojado.

Como último punto, y muy doloroso por cierto, cuando el enojo llega a ser tan severo que se asimila, se vuelve contra el individuo que lo cobija, y es posible que desarrolle *tendencias suicidas* y considere autodestruirse.

Permítame recordarle, nuevamente, que el enojo no es un pecado, a menos que lo albergue y se transforme en odio o resentimiento.

Dinámica sanadora

En lo posible, exprésele a alguien un incidente acerca de una persona que la haya enojado. Luego, proceda a perdonar a esa persona a la vez que le expresa su amor incondicional.

Si está solo, exprese su enojo verbalmente y con sentimiento, así como cuando confronté mi enojo con mi madre. Reconozca su enojo y enfréntelo.

Si está libre de enojo, alabe al Señor y disfrute su libertad.

5

DERROTE AL MIEDO CON LA FE

Porque no nos ha dado Dios espíritu de cobardía, sino de poder, de amor y de dominio propio (2 Timoteo 1.7).

El aumento del crimen, la permanente amenaza de guerra entre las naciones, así como el clima económico en el mundo con el diario aumento en las tasas de desempleo, los sombríos pronósticos financieros y crisis en el mercado de las viviendas siembran el miedo en los corazones de millones de personas.

El pasaje citado nos asegura que este espíritu de temor no proviene de Dios. Tiene que ser satánico. Satanás usa las malas noticias como una herramienta para aterrorizar al hombre. Cuando una persona cae víctima de pensamientos agonizantes y amenazadores —como: *¿Qué voy a hacer? ¿Qué me ocurrirá? ¿Qué será de mi familia si pierdo el trabajo?*—, tiene sus ojos en las circunstancias y no en Jesús.

Dios dijo que le *ha dado ... espíritu ... de poder, de amor, y de dominio propio*. Confíe en Él. Su fuente eterna es Él. ¡Atrévase a confiar en Él y en su Palabra!

El miedo es un agente paralizante, le roba el entusiasmo y le hace creer que es incapaz de cumplir la tarea que tiene ante sí. El temor asfixia al estudiante para que crea que reprobará el examen. Obstaculiza al hombre en el cumplimiento de su oficio como sacerdote del hogar. También afecta a la esposa para que no funcione sexualmente como debiera. El miedo paraliza a la iglesia en el cumplimiento de su misión. El temor es enemigo de los cristianos.

La *Biblia* habla bastante sobre el miedo. La tranquilizadora frase «No temáis» se encuentra al menos 350 veces en la Escritura.

Al miedo debe atacársele con efectividad para que no dañe su crecimiento espiritual y emocional. Para liberarse de esa fuerza angustiante, usted necesita conocer algunas de las causas del miedo opresivo.

¿Qué causa el miedo?

1. Una vida egocéntrica produce miedo.

Adán es el primer ejemplo de una personalidad egocéntrica. ¿Por qué? Porque desde que desobedeció a Dios, lo quitó del centro de su experiencia y puso allí su propio yo. Una vez hecho eso, el miedo se apoderó de él de tal manera que se ocultó de Dios.

Si siente que no está tan cerca de Dios como antes, pregúntese quién se apartó.

¿No reaccionan los cristianos a veces de la misma manera? Cuando sienten miedo, se alejan de Dios en vez de correr a refugiarse en sus brazos amorosos y protectores. Creen, erróneamente, que Dios los abandonó.

Un sabio comentó lo siguiente: «Si siente que no está tan cerca de Dios como antes, pregúntese quién se apartó».

El egocentrismo es el corazón del humanismo, conduce a la neurosis, a la confusión y finalmente a la parálisis emocional. Por eso el humanismo jamás resolvió problema alguno. A pesar de los avances de la ciencia, el hombre tiene más miedo que nunca. Los artefactos modernos y la tecnología avanzada pueden hacer la vida más sencilla, pero el alcohol, el suicidio y la tasa de criminalidad siguen aumentando debido a ese enfoque humanista de la vida.

Cada vez que el hombre se coloca a sí mismo en el centro, se debilita y así surge el miedo. Una persona egocéntrica es aquella que llena su vida consigo misma. Como resultado, siempre busca maneras de cubrir su inseguridad; haga lo que haga, nunca está seguro.

Cuando el hombre empieza a confiar en otras cosas y en otros dioses desarrolla una debilidad o cobardía interior. Eso crea una fe falsa. El hombre empieza a fingir, lo cual es hipocresía. Finge que todo está bien con Dios, pero muy dentro sabe que no es así. Esto produce tortura mental y moral, y ocurre cada vez que el individuo finge ser cristiano, cuando no lo es. Nadie está en peor estado moral que él.

La hipocresía produce miedo porque no tiene de qué aferrarse. Como consecuencia, el hombre trata de ocultar su miedo huyendo de él hasta que cae exhausto.

La seguridad viene al saber en quién ha creído y eso produce fuerzas. Usted está seguro de que Dios cuidará lo que le confió. Una de las cosas que hace fuerte al cristiano es la convicción interior que lo sostiene cuando la vida se oscurece y se pone dura.

Si quiere gozar de buena salud emocional, examine su fe hasta asegurarse bien dónde está exactamente en su relación con Dios.

2. *Otra causa de miedo es una vida sin disciplina.*

Una vida indisciplinada siempre produce temor. El estudiante que hace lo que le parece desarrolla un horrible sentimiento de miedo al fracaso. Inconscientemente sabe que el fracaso es inminente, de modo que trata de escapar. Saber que debería estar estudiando, en lugar de ver televisión, le produce un sentimiento de inseguridad y de culpa.

Los padres que viven indisciplinadamente crean sentimientos de culpa en sí mismos y hacen que sus hijos desarrollen un sentido de inseguridad.

Disciplina no significa rigidez. Significa simplemente ser responsable. Disciplina quiere decir *hacer* lo que hay que hacer, *cuando* debe hacerse, *en* la mejor forma que se pueda, *sin* sentir culpa.

Es simplemente esforzarse para hacer lo mejor que se pueda.

Sin embargo, una vida disciplinada, produce seguridad en sí mismo y puede ser impartida a otros. ¿Por qué? Porque las personas saben que usted estará ahí cuando se le necesite.

Claro, los demás saben que a veces fallará, y usted sabe que no es perfecto, pero eso no produce miedo. ¿Por qué? Porque todos saben que trata de hacer lo mejor. Dios no espera que nunca cometa un error o que no decepcione a otros, pero sí espera que haga siempre lo mejor.

Sin embargo, hacer lo mejor significa asegurarse de que no fallará porque es desorganizado o porque fue negligente con lo que se esperaba de usted.

3. *Otra causa de miedo es la falta de convicciones auténticas de absolutos.*

Tener principios y vivir de acuerdo a ellos produce seguridad e imparte sentido y dirección a la vida. Por supuesto, como cristiano debería estar en condiciones de examinar sus convicciones a la luz de las Escrituras.

Santiago 1.8 dice: *El hombre de doble ánimo es inconstante en todos sus caminos.* Tal inestabilidad es producida por la ausencia de convicciones claras.

Vemos estabilidad en los cristianos que viven según sus absolutos, aquellos a quienes las opiniones de los demás no los hacen dudar y que no se amedrentan cuando el mundo trata de sacudir su fe. Son los que saben «en quién han creído» y están seguros de que Cristo Jesús es la Roca de su fe y de su salvación.

En el capítulo anterior, vimos algunas formas comunes de miedo, como el temor a la vida, a la muerte, a la autoridad, etc. Veamos ahora los temores anormales.

¿Qué es una fobia?

Es un miedo anormal a algo inofensivo, pero que en la mente de la persona amenaza su seguridad y, por lo tanto, le provoca temor. Puede ser miedo a la altura, a subirse a un elevador, o a dejar la seguridad del hogar. La ciencia ha dado extraños nombres a las fobias pero eso no es relevante a nuestro propósito.

Muchos cristianos se sienten culpables por tener una fobia. Permítame tranquilizarle. Usted no tiene por qué sentirse culpable. Una fobia no es un demonio, ni significa estar en problemas con Dios. Simplemente quiere decir que hay un conflicto que no ha enfrentado adecuadamente.

Casi todas las fobias se originan en la temprana niñez, cuando la persona asocia un peligro, una amenaza o una situación particular con algo. Así se desarrolla un miedo hacia ese algo.

Hace varios años, una madre me trajo a su hijo de edad preescolar debido a su excesivo miedo a los truenos. Cada vez que tronaba, el niño palidecía, empezaba a temblar y gritaba sin control.

Así que le pregunté a la madre:

—¿Desde cuándo le tiene miedo *usted* a los truenos?

—Toda mi vida —me respondió.

—Usted es la causa de que su hijo le tema a los truenos. Él imita su reacción.

Le pregunté al niño:

—¿Le tienes miedo a los truenos?

—Sí.

—Yo también —le dije. Vamos a jugar algo muy interesante. Voy a imitar un ruido muy grande, como un trueno.

Hice el ruido, y de inmediato corrí hacia donde estaba el niño y le dije:

—Estoy asustado.

Él se echó a reír.

—¿Por qué te ríes? —le pregunté.

—Porque usted está asustado —me respondió.

Él sabía que no se trataba de un trueno. Repetí el juego un par de veces y él se echaba a reír.

—Escúchame —le dije—. La próxima vez que haya truenos, ¿puedo ir al kindergarten y aferrarme de tu mano?

—Las veces que quiera —me contestó.

Después de eso, el niño fue liberado de su miedo; pero creo que su madre sigue teniéndole pavor a los truenos.

Las madres trasmiten sus propios temores a sus hijos. Si su hijo tiene un miedo que no es normal, examínese usted. Las fobias de cualquier tipo deben considerarse con seriedad; no deberíamos permitir que controlen nuestras vidas.

Mientras algunos que sufren fobias saben qué es lo que se las causa, otros no tienen idea *a qué* le temen ni *por qué*. No pueden señalar un objeto o una experiencia en particular que les provoque ese temor. Por ejemplo, no es fácil identificar la causa de ese tipo de miedo llamado ansiedad. Si no se le enfrenta, la ansiedad puede evolucionar a un estado más serio de esclavitud mental.

Cualquier persona que sufre de ansiedad u otra fobia debería buscar ayuda profesional.

Cómo lidiar con el miedo

¿Hay alivio para el miedo? ¿Cómo lidiar con eso que controla su vida?

Hay dos formas de enfrentar el miedo con efectividad. Una es el método escritural y la otra un acercamiento sicológico.

El antídoto bíblico para el miedo lo encontramos en 1 Juan 4.18: *En el amor no hay temor, sino que el perfecto amor echa fuera el temor; porque el temor lleva en sí castigo. De donde el que teme, no ha sido perfeccionado en el amor.*

Quien haya estado preso en las garras del miedo podrá testificar cómo atormenta. El miedo es una tortura como no hay otra, pero su gran antídoto es el amor. Es el perfecto amor de Dios lo que echa fuera el temor.

En la medida en que se percate de que el amor de Dios por usted es real y confiable, empezará a preocuparse menos. Ya no temerá perder el trabajo, envejecer o morir, porque descansa en la seguridad de que Dios le ama. Ese perfecto amor del Padre por usted echa el temor fuera de su vida. Al aceptar el amor de Dios, sabrá que Él le cuidará. Por eso es que puede decir: *Echando toda vuestra ansiedad sobre Él, porque Él tiene cuidado de vosotros* (1 Pedro 5.7).

Para entender apropiadamente este amor, hay que examinarlo en el área de la fe. Porque en realidad es la fe la que enfrenta al miedo. La fe elimina el temor. El amor le ayuda a entender el cuidado que Dios tiene por usted y eso conduce a una fe en Dios tan genuina que desvanece el miedo. Un corazón lleno de fe no da lugar al miedo.

> *La fe elimina el miedo.*

Dios no es un hombre inmenso con un gran garrote listo para castigarlo cada vez que comete un error. Al contrario, es un Padre perdonador que está esperando que le confiese sus pecados para perdonarle y ayudarle.

Hay varios pasos, desde la perspectiva sicológica, para tratar el miedo.

Primero, debe reconocer su miedo.

Acepte que siente temor. Reconózcalo, ya sea un miedo normal, fobia o ansiedad.

Segundo, tiene que enfrentarlo paso a paso.

Usted no desarrolló ese temor de la noche a la mañana, por lo tanto, debe saber que tomará tiempo quitarlo de su vida.

Ayudar a una persona a tratar su miedo paso a paso es lo que llamamos en sicología «desensibilizar». En consejería, hacemos pasar a la persona por ese miedo paso a paso.

Por ejemplo, si teme entrar en un elevador, lleve a alguien que le acompañe. Si siente miedo, salga inmediatamente. Repita el procedimiento hasta que deje de temerle al elevador. Luego entre, cierre la puerta, ábrala y salga. Haga esto varias veces, hasta que el miedo desaparezca. Luego suba un piso. Si solo puede subir uno, salga y suba por las escaleras los que falten.

Al día siguiente, inténtelo de nuevo. No pretenda erradicar el miedo de inmediato. Tenga paciencia. Una buena salud emocional requiere mucho trabajo y tiempo, pero puede lograrse. Si da estos pasos, logrará «desensibilizarse» de ese miedo.

Un profesor me contó cómo había ayudado a una dama que tenía un miedo extraño. Siempre temía olvidar llevar las cartas al correo. Se trataba de una fobia. Su miedo llegaba al punto de temer que si iba al correo, de igual forma, olvidaría echar las cartas al buzón. Utilizando el sistema paso a paso, este profesor pudo ayudarla a superar su miedo y mostrarle maneras de poner sus cartas en el correo.

La vida misma tenemos que vivirla paso a paso. Muy a menudo queremos hacerlo todo en un segundo. Queremos correr para todo, pensando que las cosas hay que hacerlas ¡ya! «Disfrutar el aroma de las rosas cuesta tiempo», es un sabio consejo. Vaya paso a paso. Dios tiene tiempo para cada cosa, y en su tiempo Él hará lo que tiene que hacer.

Finalmente, el paso más importante al tratar el miedo es reconocer la presencia de Dios en medio de su situación.

Dios conoce todo lo relacionado con usted y prometió: *He aquí yo estoy con vosotros todos los días, hasta el fin del mundo* (Mateo 28.20). ¡Qué alivio!

Dinámica sanadora

Como en prácticas anteriores, busque a otra persona. Exprésense sus temores. Luego oren el uno por el otro, tomando autoridad en cada uno específicamente en el nombre de Jesús. Por último, entréguenle esos temores a Él.

6

¿EN QUIÉN CONFIAR?

Respondiendo Jesús, les dijo: Tened fe en Dios. Porque de cierto os digo que cualquiera que dijere a este monte: Quítate y échate en el mar, y no dudare en su corazón, sino creyere que será hecho lo que dice, lo que diga le será hecho. Por tanto, os digo que todo lo que pidiereis orando, creed que lo recibiréis, y os vendrá. Y cuando estéis orando, perdonad, si tenéis algo contra alguno, para que también vuestro Padre que está en los cielos os perdone a vosotros vuestras ofensas. Porque si vosotros no perdonáis, tampoco vuestro Padre que está en los cielos os perdonará vuestras ofensas (Marcos 11.22-26).

Es, pues, la fe la certeza de lo que se espera, la convicción de lo que no se ve (Hebreos 11.1).

Si le dijera que en el cuarto contiguo hay diez gatos, y usted cree en mí, tendría fe en mis palabras y creería lo que le dije. No tendría duda de que en realidad hay diez gatos en el cuarto a pesar de lo ridículo que parezca.

La fe no es una emoción, sino una convicción basada en la dignidad y en la confiabilidad del que habla. Si usted confía en quien habla y su dignidad es tal que puede aceptarlo, creerá en lo que dice.

La fe es una convicción, no una emoción.

Su fe en Cristo Jesús se basa en la confianza que tenga *en* Él y en su conocimiento *de* Él. La Biblia dice: *El pueblo que conoce a su Dios se esforzará y actuará* (Daniel 11.32). Usted debe *conocer* al Padre.

La tensión viene cuando la persona trata de confiar en Dios y, al mismo tiempo, surgen las dudas. Jesús no nos podría mandar a «tener fe en Dios» porque la fe es una convicción, no una emoción.

Durante su oración sacerdotal en Juan 17.17, Jesús dijo: *Santifícalos en tu verdad; tu palabra es verdad.* Jesús es el Verbo. Jesús *el Verbo fue hecho carne, y habitó entre nosotros* (Juan 1.14). Él es el Verbo, y Él dice que el Verbo es Verdad. La dignidad del Señor Jesucristo está más allá de toda duda.

Sin embargo, en la Escritura, leemos que la duda continuamente atacaba al pueblo de Dios, incluyendo a los discípulos. Abraham dudó que heredaría Canaán, la tierra prometida. *Y él respondió: Señor Jehová, ¿en qué conoceré que la he de heredar?* (Génesis 15.8).

Moisés dudó del Señor cuando se le ordenó liberar a los hijos de Israel. Y le preguntó a Dios: *Si ellos me preguntaren: ¿Cuál es su nombre? ¿qué les responderé?* (Éxodo 3.13).

Juan el Bautista le preguntó a Jesús: *¿Eres tú aquel que había de venir, o esperaremos a otro?* (Mateo 11.3).

La duda normal es parte de nuestra existencia como seres humanos. Esa es la clase de duda que no pregunta sino que establece la veracidad de algo. Las preguntas que se plantean por esta razón se hacen sencillamente para tratar de establecer la veracidad de la afirmación que escuchada.

Una duda normal es esa que expresamos cuando somos sinceros y honestos. Todos tenemos esta clase de duda y no hay necesidad de sentirse culpable por tenerla.

Duda neurótica

Sin embargo, otro tipo de duda, la llamada duda neurótica u obsesiva no es normal.

Esta ocurre cuando una persona realmente quiere creer, pero está en una lucha terrible y no puede. Mientras más se esfuerza, menos es capaz de rendir su voluntad y confiar. Cuando la duda se hace obsesiva, debe ser confrontada de una manera bíblica.

Hay tres causas para una duda neurótica o anormal.

1. *Un corazón que no perdona.*

Si una persona no puede perdonar a otra, por supuesto, su Padre celestial tampoco perdonará sus pecados. A la misma vez, una persona que no perdona presupone que los demás tampoco le perdonarán.

Un estudiante universitario que vino a mi oficina buscando consejería, me dijo:

—No puedo creer en Dios.

La consejería y las preguntas revelaron que no podía confiar en su padre.

—¿Por qué no puedes confiar en él? —le pregunté.

—Porque creo que nunca me quiso —me dijo ingenuamente.

—Ese es problema de tu padre —respondí—. Pero el tuyo es que no lo has perdonado por no haberte amado. Ya es bastante malo que él no te ame, pero es ridículo que no lo perdones por eso. ¿Por qué no lo perdonas ahora mismo?

Durante unos segundos luchó con la idea hasta que finalmente empezó a aceptar la idea.

—Tomando en cuenta las circunstancias y considerando la forma en que mi padre creció...

—No lo excuses —lo interrumpí—. Él es culpable. Debería haberte amado, pero no lo hizo. Ese es su problema. Tu obligación es perdonarlo.

Al fin, el joven decidió enfrentar la situación. Y descubrió que no era que *tuviera* un problema: él *era* el problema. Eso cambió su actitud.

—No creo que después de todo sea tan difícil confiar en Dios —me dijo sonriendo.

¿Cómo podría usted confiar en Dios, el Padre celestial, a quien no ha visto, cuando le resulta difícil relacionarse con su padre terrenal con quien ha tenido una experiencia traumática? La reacción de ese joven era algo natural.

Lo que la persona expresa, en una manera inconsciente, es: «Temo confiar en Dios porque en realidad no sé si me acepte». Este es un mecanismo de protección. Al rechazar a Dios, la persona busca protegerse del rechazo. Así, vive una supuesta vida protegida, pero paga el alto precio de la duda neurótica.

En Marcos 11.22-26, Jesús habla de confiar en Dios y tener fe en Él. Continuó con lo de hablarle a una montaña y creer cuando se ora. Luego, en forma imprevista, interrumpió la idea e indicó que hay que perdonar. Jesús yuxtapone el concepto de fe y el de perdón. Así vemos que no se puede tener fe sin un corazón perdonador.

Sin duda que usted ha experimentado esto aún sentado en un santuario. Si tiene un rencor contra alguien, si tiene enojo en su corazón, si no ha perdonado a alguien que le ha ofendido, cuando va a adorar el servicio le resulta simple y no se siente parte de él. Otros alaban al Señor, alzando sus manos y regocijándose y usted se pregunta por qué no siento lo mismo. Es porque fue a adorar a Dios, a dar una ofrenda, pero se olvidó del mandamiento: «*Reconcíliate primero con tu hermano, y entonces ven y presenta tu ofrenda*» (Mateo 5.24).

Recuerde: Usted no perdona porque se sienta perdonado, sino porque *decide* perdonar. Perdonar es una decisión ordenada por la voluntad y no por el corazón.

2. *El miedo profundo es otra causa de duda neurótica u obsesiva.*

Muchos de esos temores se originan en un concepto erróneo acerca de Dios. Se le figura incorrectamente como un viejo rudo con un gran garrote listo para castigar a cualquiera que se salga de la línea. Por lo tanto, muchas personas tienen un miedo inconsciente a Dios.

Aunque la Biblia habla del temor del Señor no es como el miedo al peligro. Es más, es el conocimiento de Dios como tal, lo cual significa reconocer su realidad.

El miedo neurótico a Dios puede convertirse en una emoción tan arraigada que inhiba la fe y, por lo tanto, provoque una incertidumbre compulsiva. Usted debe entender adecuadamente quién es Dios de manera que libere su fe.

La gracia de Dios es el meollo de toda su Palabra. Para mí, la palabra «gracia» es la más hermosa de toda la Biblia. Creo que incluso es mayor que *fe, esperanza* y *amor*. La gracia de Dios nos salva.

A menudo, cuando le pregunto a alguien: «¿Cómo somos salvos?» me responde: «Por medio de la fe».

Sí, somos salvos *por medio* de la fe, pero no *por* fe. Nuestra fe nunca nos podrá salvar.

> *Por gracia sois salvos por medio de la fe; y esto no de vosotros, pues es don de Dios* (Efesios 2.8). Es la gracia de Dios la que nos salva y por esa gracia su amor es derramado sobre nosotros.

Cuando acepte a Dios tal cual es: un Padre bondadoso, amoroso y solícito, será libre para confiar en Él, empezará a irse ese miedo neurótico.

Otra persona importante

Cada ser humano necesita saber que es amado, y amar al menos, a otra persona significativa en su vida.

Los estudios revelan que los bebés que no son acaricia-
dos ni arrullados en los brazos son más sensibles a las infec-
ciones y pueden llegar hasta morir. Los bebés que deben
permanecer por largo tiempo en incubadoras, sin recibir
caricias y cuidados directos por parte de las enfermeras,
pueden morir. Algunos llegan a ser tan vulnerables a las
enfermedades que cuando crecen son más sensibles a las
tensiones y los conflictos. Por eso es muy importante acariciar a los bebés y a los niños en general.

Tocar es comunicar. Incluso sus hijos ya grandes necesitan que los abrace, les palmotee la espalda y les diga, sin
palabras: «Te amo y me intereso por ti».

Cada persona necesita amar al menos a otra persona
significativa, y saber que «otra persona significativa» la ama.
El corazón del evangelio es que esa «otra persona importante», Jesús, le ama. Y no solo le ama, sino que anhela su amor.
Para Él, usted es tan importante, que hasta, murió por usted.

Conozca a Jesús. Hable con Él. Ámelo. Cuando experimente su amor, tendrá la expresión de gozo más profunda
que jamás imaginará.

Cuando ame a Jesús de esta manera, el miedo se irá,
porque *el perfecto amor echa fuera el temor* (1 Juan 4.18). Entonces, la fe empezará a invadir su vida.

El miedo profundamente enraizado es un obstáculo para
la fe, pero cuando entienda que esa «otra persona significativa» realmente le ama, ese perfecto amor echará de su vida
el temor.

Jesús le ama; por lo tanto, usted es importante. Así que
es pecado cada vez que deja de amarse.

Usted es valioso. No es dueño de sí mismo porque fue
comprado por un precio. Pertenece a Jesús. No se atreva a
buscar fallas en los hijos de Dios. Hasta cuando habla de sí
mismo, está hablando de la propiedad de Dios.

La sanidad profunda comenzará cuando acepte y experimente el amor de Dios. Aférrese a la Palabra de Dios que
dice: *Con amor eterno te he amado; por tanto, te prolongué mi
misericordia* (Jeremías 31.3).

En el corazón de la fe

3. *El orgullo es otra causa de la duda obsesiva.*

El hombre no quiere soltar lo que tiene porque cree que si lo hace, lo perderá. No entiende que la única forma de tenerlo todo es perdiéndolo. ¡Qué paradójico!

Jesús promete que *Todo el que pierda su vida por causa de mí, la hallará* (Mateo 16.25). En el aspecto físico, si deja ir algo, lo pierde. En lo espiritual, la única manera de poseer algo es dejando que se vaya.

> *De cierto, de cierto os digo, que si el grano de trigo no cae en la tierra y muere, queda solo; pero si muere, lleva mucho fruto* (Juan 12.24). La única forma en que un pequeño grano de trigo puede producir alimento es al morir después de exponerse a una temperatura muy alta.

Los seres humanos rechazan el quebrantamiento, pero eso es la médula de la fe. Una vida sin quebrantamiento no tiene valor para servir en las manos de Dios. Él rechaza usar una vida así. El apóstol Pablo estaba tan consciente de esto que dijo: «Yo muero cada día» (1 Corintios 15.31). Él tenía que morir a diario para mantener controlada la vieja naturaleza.

El corazón de la duda, casi siempre, es un espíritu orgulloso.

El orgullo se expone cuando alguien insiste en que su opinión es la correcta. El corazón de la duda, casi siempre, es un espíritu orgulloso.

Un profesional con un hermoso don de oratoria se convirtió en cristiano. Poco después, se le pidió que dirigiera una oración. En lugar de orar, casi dio un discurso. La única manera en que podía serle útil al Señor era percatándose de que todas las hojas secas de su don humano tenían que quemarse. Tenía que aprender a hablar de nuevo.

Si usted tiene un don o un talento, póngalo en las manos del Señor y espere en Él. Después Dios lo revivirá, llegará a ser suyo y podrá usarlo para glorificarlo.

Cuando usted viene a Cristo tiene que perderlo todo, incluyendo su propia vida. Al perderse en Él, se hallará en Él. Descubrirá que la fe empieza a crecer como una pequeña planta hasta que dentro de poco ya no dice: «Tengo fe», sino: «Vivo por fe».

La fe se convierte en un estilo de vida. Permea toda su vida. Usted vive la fe. La fe llega a ser usted, no una pequeña posesión que pueda perder. La esencia de su ser es la fe.

Dinámica sanadora

Cuéntele a alguien algo acerca de «otra persona significativa» en su vida y por qué lo es. Puede ser el padre, la madre, el pastor, un amigo.

Seguramente habrá otros a quienes ama, pero quiero que piense en una persona a quien ama y por quien es profundamente amado. Hable con franqueza, sin miedo. No tema expresar lo que hay en su corazón.

Si llora en el proceso, no se preocupe. Llore tranquilo. Jesús también lloró.

7

RECHAZO:
SU COMIENZO
Y SU FINAL

Cuando nací —el menor de doce hermanos— estaba tan desnutrido que el hombre que atendió a mi madre me tomó por la piel de mi estómago y todos mis huesitos quedaron colgando como en una bolsa. Movió la cabeza, me puso sobre la mesa y dijo: «¡Difícil que sobreviva!»

Mi madre le replicó en seguida: «¡Sobrevivirá! ¡Con la ayuda de Dios, va a sobrevivir!»

A medida que crecía, siempre me consideraban un niño enclenque e incapaz de competir con los demás compañeritos. Además, sufría astigmatismo, de manera que cada vez que alguien me lanzaba una pelota, me pegaba en la nariz. Mi equipo siempre perdía, gracias a mí.

Cuando los capitanes de cada equipo escogían a sus jugadores, yo era el último en ser llamado. Y nadie ocultaba su desagrado por tenerme en el equipo: «Estamos hechos con Mario». Se imagina lo que eso era para mi autoestima.

Para empeorar las cosas, tenía un simpático sobrino, de unos cuatro años menos que yo. Un día, cuando él y yo jugábamos, llegó un fotógrafo.

—Eh, niños —dijo—. Párense ahí y déjenme tomarles una foto.

Mostrándole la mejor de mis sonrisas, me paré recto y saqué pecho. ¡Estaba tan orgulloso!

Mientras me acomodaba para adoptar una pose perfecta, el hombre señaló:

—¡No me refería a ti, sino al nene más lindo!

Herido y frustrado, respondí:

—¡De todos modos no me gustan las fotos!

Eso fue lo que dije, pero usted y yo sabemos que mi reacción fue producto de un sentimiento de rechazo y humillación. El impacto de ese incidente en mi temprana edad es evidente por el hecho de que todavía, después de cuarenta años, puedo recordarlo vívidamente para contarlo.

¿Qué es el rechazo?

Rechazo es brindar amor sin que nadie lo quiera, o desear amor y no recibirlo.

Quizás se pregunte, específicamente, ¿qué es el rechazo?

Rechazo es brindar amor sin que nadie lo quiera, o desear amor y no recibirlo.

Ese «alguien» es un adulto significativo cuyo amor vale mucho para usted y que estuvo directamente relacionado con su autoaprecio, su autoestima, su seguridad interior básica y su sistema de valores. El rechazo es uno de los conflictos que una persona puede tener debido a esos cuatro importantes aspectos mencionados.

El rechazo también puede afectar la relación de la persona con Dios. Hay personas que no asisten a la iglesia porque están obsesivamente influenciados por temores y dudas acerca de Dios. Temen que si van al santuario a adorar a Dios y se acercan demasiado a Él, los rechazará. Por lo tanto, optan por lo seguro y se mantienen alejados.

El rechazo puede presentarse en diversas formas. Unas son obvias y otras más sutiles, tales como el hombre que es «buen proveedor» pero que no tiene ninguna expresión de cariño hacia sus hijos; o la esposa que entrega su cuerpo a su marido pero que no se da ni emocional ni espiritualmente.

Soledad y aislamiento

El efecto más importante del rechazo es el enajenamiento.

Cuando una persona se da a otra o quiere que ella se dé, y esta no está dispuesta a hacerlo, se levanta una muralla entre ambas. Esta muralla encierra a la persona que se siente rechazada, y se aparta. Al apartarse, desarrolla el enajenamiento.

Hay diferencia entre soledad y aislamiento. La soledad no daña; el enajenamiento, sí.

La pequeña criatura se siente *aislada*; el adulto maduro se siente *solo*. El enajenamiento es un signo de niñez; la soledad es un signo de adultez.

La persona madura disfruta los momentos en que está sola. Me gusta estar solo, especialmente cuando llueve; pero no por eso me siento enajenado. Cuando la mamá dice: «Quiero que los niños se vayan por tres horas con su papá para poder estar sola», ella está hablando con una persona adulta.

Cuando alguien dice: «Me siento tan solo que no sé qué hacer»; eso es el llanto de un bebé.

El sentido de enajenamiento es la resaca emocional de la dependencia infantil.

Cuando el bebé babea, el fotógrafo corre para tomarle una foto. Es simpático, pero cuando un adulto babea es algo repulsivo. Los niños y los adultos tienen características diferentes.

La *Biblia* nos advierte que seamos «como niños» pero no «inmaduros». Una de las características de la inmadurez es la dependencia. El niño es dependiente. Se supone que el adulto es independiente o al menos interdependiente.

El enajenamiento y la soledad crean una profunda necesidad de amor y aceptación. Cuando una persona se siente rechazada, se aisla de todas sus relaciones lo cual tiene una consecuencia triple: Lo aisla de Dios, de los demás, e incluso de sí mismo, produciendo una pérdida de autoaprecio y autoestima: «No soy bueno porque me rechazaron. No soy nada».

La persona rechazada deja que los demás sean los que formen la opinión que él tiene de sí mismo.

Cristianos e incrédulos difieren en cuanto a autovalorarse. Un cristiano *sabe* que no es bueno, pero *siente* que tiene un gran valor por el hecho de ser un hijo del Rey. El incrédulo *cree* que es bueno, pero interiormente *siente* que no vale mucho. Esa es la diferencia.

El apóstol Pablo sentía que él era el *primero de los pecadores*. (1 Timoteo 1.15), por eso dijo: *Miserable de mí* (Romanos 7.24). Aunque Pablo reconocía su pecaminosidad, también sabía que gracias a la transformación espiritual que experimentó, se convirtió en hijo de Dios y embajador de Cristo.

Como cristiano, usted reconoce sus debilidades, pero trata de vivir como si no fuera débil. Aunque sabe que es débil cree que «todo lo puede en Cristo» que le da las fuerzas (Filipenses 4.13).

El hombre común dice todo lo contrario: «Si me concentro, *yo* puedo hacer lo que sea», pero en su interior se siente inseguro. Cree que es capaz de todo, pero no sería raro que terminara con un problema nervioso, una úlcera o en las drogas. Él no puede controlar el estrés. El creyente, en cambio, puede ajustarse a sus faltas y fracasos porque no confía

en sus capacidades, sino en Aquel que está en él, el Señor
Jesucristo.

Rechazo en la infancia

El rechazo puede ocurrir en cualquier momento, pero es
más dañino en la época que va del nacimiento a la adolescencia y, específicamente, durante los primeros cinco años de
existencia de la persona. Algunos investigadores creen que
a partir de los siete meses de gestación, el feto reacciona a los
cambios emocionales de la madre.

La inseguridad se fija en el niño durante su crecimiento
en los años formativos. Los niños saben cuando no son
amados en la manera en que deben serlo, y fácilmente pueden sentirse rechazados por quienes los rodean.

Mucho de este rechazo en los niños puede evitarse atendiendo su llanto, en vez de ignorarlos. El llanto es una
manera de los niños comunicarse, por lo tanto, hay que
atenderlos cuando lloran; no hay que dejarlos llorar. Si un
niño llora, es porque algo está ocurriendo y debe atendérsele
sin demora.

Algunos padres piensan que si lo dejan llorar hasta que
se duerma, crecerá fuerte y maduro. Pienso que es exactamente todo lo contrario. Lo que los padres hacen, realmente,
es infundir en sus hijos miedo e inseguridad. Esa inseguridad
interior se implanta cuando se le deja llorar sin que nadie
acuda a hablar con él o buscar la causa de su llanto. El niño,
tanto como el jovencito, necesitan esa clase de refuerzo.

Un niño que se separa de su madre o se pierde en un
lugar público, naturalmente empieza a llorar de miedo. Cuando al fin la madre lo encuentra, lo castiga sin percatarse de
que perderse de sus padres en un lugar extraño es una
experiencia terrible.

En este punto, el niño no necesita acumular más ansiedad. Ese niño asustado necesita que su madre lo tome, lo
levante y lo abrace hasta que vuelva a sentirse seguro como

para seguir con su vida. Eso puede tomar quince a veinte minutos, pero la demostración de afecto restaurará el sentimiento de seguridad del niño. Castigarlo, por otro lado, refuerza la inseguridad del niño y puede crear en él un sentimiento de rechazo que podría acarrear conflictos el resto de su vida.

El rechazo empieza y termina con usted

El rechazo no se limita a determinada época en nuestras vidas.

Un distinguido pastor, ya anciano, nos contó en uno de nuestros seminarios de Teoterapia cómo padeció de miedo a envejecer. En realidad, temía que sus hijos no lo necesitaran y que dejaría de ser útil a los demás. Mientras nos hablaba de cómo ese temor desapareció cuando su hijo le dejó a su nieto durante dos semanas, las lágrimas corrieron por sus mejillas y su voz temblaba de emoción.

Las amorosas palabras de su hijo fueron: «Papá, quiero que mi hijo esté algunos días contigo para que vea qué gran padre tengo y cuánto puede aprender de ti».

El rechazo está dentro de la persona.

Si una persona no se acepta, cualquier rechazo que sufra reforzará su creencia de que no sirve para nada. Eso produce soledad. Si «A» siente que «B» lo rechaza, «A» se aisla, se deprime y se confunde. La razón es que «A» nunca se ha aceptado a sí misma, y ahora ese rechazo por «B» refuerza su autorechazo.

Cuando se rechaza una persona que de por sí, ya es insegura, aumenta su falta de autoestima. El rechazo está dentro de la persona. Por otro lado, si «A» se acepta como es y sabe enfrentar sus conflictos, el rechazo de «B» le afectará poco.

Una persona madura puede tratar apropiadamente sus rechazos. Si alguien no se autorechaza, lo que otras personas digan no le va a afectar mayormente.

Hay una frase que resume esta lección: «Tú puedes hablar de mí todo lo que te plazca, pero yo hablaré de ti sobre mis rodillas». La persona que tiene una buena relación con Dios, consigo mismo y con los demás, no estará a la defensiva cuando alguien diga algo hiriente; al contrario, la persona madura le hablará a Dios de eso. Recuerde: Jesús no se defendió cuando se burlaron de Él y lo maltrataron: «Pues para esto fuisteis llamados; porque también Cristo padeció por nosotros, dejándonos ejemplo... quien cuando le maldecían, no respondía con maldición; cuando padecía, no amenazaba, sino encomendaba la causa al que juzga justamente» (1 Pedro 2.21,23).

Cómo confrontar el rechazo

Si vive con rechazo, hay una forma de salir de ese estado lamentable. La cura para el rechazo consiste en seguir ciertos procedimientos.

1. *Acepte e identifique su rechazo.*

Aíslelo. Entre en contacto con él aunque le produzca dolor. El rechazo debe salir a la superficie. Debe expresarse con sinceridad.

Santiago 5.16 aconseja: *Confesaos vuestras ofensas unos a otros, y orad unos por otros, para que seáis sanados.* Confesión y oración produce sanidad.

2. *Pida y acepte el perdón de Dios por albergar esas emociones negativas.*

Usted debe aceptar el perdón de Dios antes que pueda perdonar auténticamente a los demás.

3. *Tiene que perdonar profundamente a quien le haya lastimado.*

Al hacer eso, quedará libre de esa persona y esta también quedará liberada de usted.

El amor ágape es el antídoto perfecto para el rechazo. Decida perdonar y amar a los que le han hecho daño. Recuerde que el perdón no es una emoción sino una decisión.

Jesús dijo: *Amad a vuestros enemigos, bendecid a los que os maldicen, haced bien a los que os aborrecen, y orad por los que os ultrajan y os persiguen* (Mateo 5.44).

4. *Hay que amar a otros sin olvidar amarse a sí mismo.*

¡Dios le ama! ¿Qué derecho tiene usted de no amarse? Recuerde: Dios no solo le tolera; Él le acepta como usted es.

5. *Use sus rechazos pasados para bien.*

A nadie le gusta sufrir rechazos ni recordar el dolor sufrido, pero Dios puede tomar esas heridas y usarlas para su gloria. Él no desperdicia nada. Cualquier herida que haya recibido es de gran valor para Dios.

Más que guardar cuanto sufrimiento haya tenido, véalo bajo la gracia redentora de Dios y observe cómo Él lo usará. En lugar de dejar que impida su crecimiento, use ese sufrimiento del pasado como un recurso para ministrar a otros.

La cuestión, entonces, no es ¿Por qué, Señor?», sino: «Señor, ¿qué quieres que haga con mi dolor?»

8

¿QUÉ LE PERTURBA?

Mirad bien, no sea que alguno deje de alcanzar la gracia de Dios; que brotando alguna raíz de amargura, os estorbe, y por ella muchos sean contaminados (Hebreos 12.15).

Ya vimos cómo los conflictos y las tensiones surgen de varias fuentes, tales como enojo, miedo, depresión y rechazo.

Otras fuentes de conflictos pueden ser más sutiles y permanecer ocultas. Una de esas es la raíz de amargura la cual causa desesperación y angustia. Una vida angustiada no puede impartir amor ni interés por los demás; solo puede comunicar opresión.

La raíz de amargura se desarrolla cuando la persona quita sus ojos del Señor Jesucristo y los pone en lo que la perturba, incomoda, hiere o irrita. Puede ser una ofensa, una crítica dura o el rechazo de alguien, pero sea lo que fuere, es una herramienta que Satanás usa para plantar una raíz de amargura en la persona.

Esa raíz solo hiere a la persona que la alberga. ¿Qué es lo prioritario en usted, Jesús o una raíz de amargura? Los cristianos que desean tener una buena salud emocional y mental deberían examinar regularmente sus vidas, día a día, para ver si hay en ellas raíces de amarguras.

Jesús estableció el ejemplo perfecto de perdón al rechazar cualquier raíz de amargura en su ser. Fue abofeteado, le pusieron una corona de espinas en su cabeza. Le laceraron la espalda, horadaron sus manos y sus pies con clavos. Y pese a todo eso, dijo, en su profunda compasión por los demás: *Padre, perdónalos, porque no saben lo que hacen* (Lucas 23.34).

Tengo algunos vecinos en Puerto Rico a quienes no les agrado y me lo demuestran ignorándome. Sospecho que la razón principal es que no aman a Aquél a quien yo amo. Si hubiese querido desarrollar en mi corazón una raíz de amargura, seguramente me habría destruido a mí, no a ellos. Cada vez que me parara detrás del púlpito habría sido evidente mi amargura porque *de la abundancia del corazón habla la boca* (Lucas 6.45).

Lo que haya en el corazón, tratará de salir, sea a través de una actitud, una acción, o una conversación. Consciente o inconscientemente, la amargura se manifestará.

Examínese para que se asegure que no tiene resentimiento contra alguien que le haya causado algún mal en el pasado; o que quizá no le ha perdonado. Tal vez esté enojado consigo mismo por un error cometido, una falla o un mal juicio que experimentó o por alguna actitud. Perdónese. Si Cristo le perdonó, no tiene ningún derecho para no perdonarse.

Moldee su personalidad

La Biblia dice, una vez tras otra, que mantengamos nuestros ojos puestos en Jesús: *Puestos los ojos en Jesús, el autor y consumador de la fe* (Hebreos 12.2), y *Tú guardarás en completa paz a aquel cuyo pensamiento en ti persevera; porque en ti ha confiado* (Isaías 26.3).

Dios insiste en que obedezca su Palabra para que llegue a ser como el modelo en el cual posa sus ojos. La personalidad humana es como el barro: susceptible a ser moldeada. Es errónea la idea de que únicamente la personalidad del pre-adolescente puede ser moldeada.

Si un hombre de noventa años comienza a ver a Jesús, llegará a ser como Él es. Ese es el poder de la conversión. En eso consiste la salvación. Cualquiera que mira a Jesús será transformado. La atracción de la cruz le moldeará y lo cambiará a la imagen de Cristo.

Permítame repetirlo: Usted será moldeado a la imagen del modelo que sigue. Desde la perspectiva educativa cristiana, el niño aprenderá más de la conducta de su maestro que de lo que ese maestro le enseñe. Por eso es que un buen maestro no enseña ni informa sino que forma, moldea, y provee experiencia. Su vida es para el alumno la mejor evidencia de aprendizaje.

Jesús dijo: *Aprended de mí, que soy manso y humilde de corazón; y hallaréis descanso para vuestras almas.* (Mateo 11.29). Fue aprendiendo de Jesús —no tanto de lo que dijo sino de lo que hizo— que sus discípulos llegaran a ser hombres de Dios.

Si contempla continuamente sus propias amarguras, sus propias derrotas, sus sentimientos negativos, tarde o temprano llegará a ser como lo que tiene en su corazón. Si allí hay una raíz o un espíritu de amargura, expúlselo. No lo siga tolerando.

No albergue toxinas ponzoñosas porque lo destruirán a usted y no a la persona por cuya razón las tiene. Si no puede librarse de ellas, busque ayuda especializada. A veces la mejor ayuda profesional es un buen pastor cristiano que tenga sus raíces en la Palabra de Dios.

Crezca a través del divorcio

En estos días, el divorcio es algo tan común que muchos creen que es la regla, en lugar de la excepción. Si su matrimonio no va bien, el divorcio le puede parecer una forma sencilla de huir a tener que enfrentar los conflictos que inevitablemente se presentan entre dos personas unidas en matrimonio. Permítame decirle, desde ahora, que el divorcio no soluciona nada. Jamás ha resuelto los problemas, porque el problema es *usted*. El mejor matrimonio que pueda tener es el que tiene ahora. No importa cuán malo sea, consérvelo. Confíe en Dios para que actúe en su vida y en su matrimonio.

Sin embargo, si está divorciado, no viva atormentado por la culpa. El Señor rechaza el divorcio, pero ama a los divorciados. Por muchos años, cientos y miles de divorciados han vivido, innecesariamente, bajo el horrible peso de la culpa. Con frecuencia se les negó la comunión en las iglesias y fueron despreciados por algunos grupos religiosos.

En cierta ocasión fui a un culto de oración en un hogar para oficiar la comunión [Santa Cena] a un grupo de damas. Antes de servirla, hubo una breve reflexión acerca de la comunión, lo que significa y los que pueden tomarla. Dije que los pecadores no pueden participar de ella, sino los pecadores perdonados, y como yo era un pecador perdonado, podía tomarla.

Una dama me preguntó:

—¿Cree usted que puedo tomar la Santa Cena?

—¿Es usted una pecadora perdonada? —le pregunté.

—Sí, acepté a Cristo. Pero hace treinta años me divorcié y desde entonces no me permiten tomar la comunión en mi iglesia.

La tranquilicé, diciéndole:

—Mi querida señora, la comunión es para los pecadores que hemos sido limpiados por la sangre de Cristo Jesús. ¡Por supuesto que puede tomarla!

Repito. Dios rechaza el divorcio, pero ama a los divorciados. Conozco a una magnífica pareja, santos llenos del Espíritu de Dios, que fracasaron en sus matrimonios pero que le están sirviendo al Señor con gozo. Son personas que disfrutan la vida sin ningún sentimiento de culpa porque saben que fueron perdonados y aceptaron el perdón de Dios.

Si siente el dolor del divorcio, sepa que el divorcio puede llegar a ser un medio para crecer, como cualquier otra aflicción en su vida.

Dios puede usar cada dolor suyo para bendecirle. *Y sabemos que a los que aman a Dios, todas las cosas les ayudan a bien, esto es, a los que conforme a su propósito son llamados* (Romanos 8.28). Descanse en esa promesa de la Palabra de Dios.

Cualquier cosa que le ocurra a un hijo de Dios puede llegar a ser para su bien. Una vez que confiese el pecado del divorcio al Señor, Cristo sanará sus heridas y *os restituiré los años que comió la oruga* (Joel 2.25).

Recuerdo a una hermosa dama que se divorció hace algunos años. Acosada por sentimientos de derrota y de culpa, vivía con una actitud de desesperación y angustia. Su esposo la abandonó para casarse con su secretaria y esto le causó profundas raíces de amargura contra él.

Un día, se encontró con Jesús y Él la cambió completamente. Al empezar a observarse, confesó su amargura, y perdonó aquello que le había causado tanto dolor. Con un brillo en su rostro, me dijo: «Pequé con mi divorcio, pero le pedí al Señor que me perdonara. Ahora soy libre para amar a mi ex esposo».

Parece increíble, pero el Señor hizo posible que ella amara, en lugar de odiar, a su ex esposo, que se casó de nuevo. Hoy, esta dama enseña la Palabra, testifica de Jesucristo y vive victoriosa. Conocí a su ex esposo. La aflicción en su rostro mostraba que sabía el mal que hizo.

Recuerde: El divorcio no tiene por qué ser una barrera de derrota, puede ser una oportunidad para crecer. Es doloroso y difícil, pero cuando el Espíritu Santo more en su corazón, Él cambiará su amargura en amor y compasión por quien le destrozó el corazón.

Esa persona también destrozó el corazón del Señor Jesucristo. Mientras más pronto ore por esa persona, más rápido podrá decir: «Señor Jesús, te entrego todo esto a ti, y perdono a esa persona. Ayúdale a ser feliz». Así se alcanza la victoria.

¿Borracho o alcohólico?

Así como Dios rechaza el divorcio aunque ama a los divorciados, rechaza el alcoholismo pero ama a los alcohólicos. Ellos necesitan su amor como todos nosotros, porque viven constantemente con una devastadora ansiedad.

Hay diferencia entre un borracho y un alcohólico. El borracho es un hombre o una mujer que no tiene por qué beber pero lo hace.

En cambio, el alcohólico no quiere beber, pero termina bebiendo. Esta es la diferencia entre ambos.

Si la persona bebe pero no tiene por qué hacerlo, está en rebelión espiritual. Necesita arrepentirse y buscar a Dios para que la perdone. Si la persona dice que quiere dejar de beber pero no puede, es porque es alcohólica. El alcoholismo se origina de un vacío espiritual.

El alcohólico debería acudir a la iglesia en busca de ayuda. Y la iglesia debería ser el lugar donde él pueda recibir amor y aceptación. Dios lo ama y lo acepta, pero a menudo a la iglesia le resulta difícil extenderle los brazos. Después de todo, él no huele muy bien que se diga. Pero nuestro deber es amar al despreciado y mostrarle la salida de su horrible prisión del alcoholismo, a través de Jesús.

El desvío de las normas

Para muchos, homosexualidad y lesbianismo son palabras desagradables, pero como cristianos, no podemos ignorarlas. No tenemos derecho de juzgar al homosexual o a la lesbiana, pero tenemos la orden de amar a los que no son amados. Como Jesús, debemos alcanzar a esas personas y ofrecerles amor y asistencia.

La homosexualidad es una desviación de la norma divina. Norma quiere decir la forma diseñada por Dios para que el ser humano viva y experimente su vida. La homosexualidad es una desviación de la norma y se le llama, por lo tanto, una aberración. El homosexual no tiene claramente definido su papel sexual. Actúa en confusión porque está confundido en cuanto a su propio papel.

Un joven vino a verme en busca de consejo. Avergonzado, me contó que se había enamorado de su pastor. Habría sido fácil para mí decirle cuán malo era aquello y predicarle un gran sermón. Pero él no necesitaba eso. Ya era suficiente con el sentimiento de culpa con que vivía.

Le pregunté a quién le recordaba más el pastor.

—A mi padre —me respondió.

—¿Cuándo fue la última vez que viste a tu padre? —insistí.

—Nunca lo he visto —contestó.

—¿Y deseas verlo?

—Sí.

Regresó a verme varias ocasiones más. Lo tomé de las manos, lo vi directo a los ojos, y le dije:

—Te amo.

Esa fue la primera vez en su vida que un hombre le decía eso.

Lo abracé y él sintió el amor varonil: amor rudo, amor verdadero, amor genuino. Seis meses más tarde vino a verme de nuevo y con una amplia sonrisa, me dijo:

—Mis deseos homosexuales se han ido. Estoy enamorado de una bella muchacha.

> Hay esperanza para los homosexuales y las lesbianas porque Dios también los ama.

Hay esperanza para los homosexuales y las lesbianas porque Dios también los ama. La iglesia no debe despreciarlos y no tiene derecho de juzgarlos. El único derecho que tenemos es amarlos y levantarlos como Jesús lo haría.

Después de oírme hablar acerca de la homosexualidad, un joven estudiante universitario me visitó. Me confesó: «Soy homosexual. Quiero darle las gracias por mostrarme que hay esperanza para mí. Odio lo que hago. Necesito ayuda».

¿Le habría Jesús dado la espalda a este joven? Por supuesto que no. Tampoco yo.

Es irónico que la base del movimiento *gay* sea la homosexualidad. *Gay*, en inglés, quiere decir feliz, y no hay felicidad en vivir en total rebelión contra Dios y su Palabra. Los homosexuales están entre la gente más desdichada del mundo y muchos de ellos cometen suicidio.

Ellos no necesitan más acusaciones. Lo que necesitan es comprensión, compasión y amor. Debemos mostrarles que Jesús les ayudará a superar su desviación.

Vi ocurrir esto en el caso de un joven profesional que me visitó hace doce años. Me contó que su madre acostumbraba vestirlo de mujer. Como consecuencia de eso, creció creyendo que era más mujer que hombre. «No me atreví a contarlo por temor a que me rechazaran».

El amor de Cristo lo redimió. Hoy está casado, tiene una familia y está predicando la Palabra de Dios. Está completamente dedicado a Jesucristo, habiendo sido liberado por el increíble poder de su resurrección.

Oración con una prostituta

Hace algunos años una dama vestida con ropa costosa y aroma de fino perfume vino a verme. Era la época en que las mujeres usaban minifaldas. La de ella era más corta aún que la generalidad.

Se sentó justo frente a mí. Me dijo que era una prostituta profesional. Pensó que con esa confesión me impactaría y me ofendería.

Un pastor «no puede» hablar con una prostituta. El mundo sabe que Jesús lo hizo, pero un pastor no puede hacerlo. Eso es lo que se conoce como doble moral.

Después de percatarse de que no me ofendía, le pedí que me hablara de su vida. Me contó del padre que buscaba pero que nunca encontró. Me habló del amor que jamás había experimentado, de las caricias que nunca había recibido, de la voz varonil que nunca la había llamado y de los ojos llenos de seguridad que nunca se habían encontrado con los suyos. Hablamos por unas dos horas.

Al final de nuestra conversación, le dije:

—¿Qué le parece si nos arrodillamos para orar?

—Está bien —me dijo.

Nos arrodillamos, y le dije:

—¿Me permite poner mi mano sobre su hombro?

En su rostro se dibujó una sonrisa casi imperceptible, solo detectable por ojos entrenados para ver esas cosas. Con esa sonrisa, que la hizo mover sus labios, me estaba diciendo: *Otra vez, el viejo truco de siempre. Pone su mano sobre mi hombro y así comienza. Este pastor es como cualquier hombre. He tratado de encontrar a mi padre, y resulta que ahora me encuentro metiéndome con otro hombre.*

El brillo de sus ojos me reveló que emocionalmente había reaccionado contra mi petición, pero de todos modos dijo:

—Sí.

Con delicadeza puse mi mano sobre su hombro y oré por ella. Empecé a llorar porque sentí que el amor de Jesucristo estaba inundando a esa mujer. Ella también empezó a sollozar. Cuando nos pusimos de pie, la tomé del brazo para ayudarla. Al salir de la oficina, le abrí la puerta en señal de que, siendo ella una dama, la respetaba y apreciaba. La traté como se trata a una dama, lo cual era una experiencia nueva para ella.

Empezó a asistir a un estudio bíblico y más tarde se estableció en Estados Unidos. Un día, recibí de ella una pequeña carta en papel rosado perfumado. Mi esposa estaba confundida, de modo que la molesté un poco mientras abría la carta. La leí en voz alta: «Gracias por expresarme amor. Por primera vez en mi vida he estado con un hombre que me dio amor sin pedirme a cambio mi cuerpo».

Como ocurre con la mayoría de los pecados sexuales, se originan en una necesidad emocional y no necesariamente en un deseo físico.

Cómo amar a los que no reciben amor

Dios rechaza la inmoralidad, pero ama a los inmorales. ¿Los ama usted?

¿Ama a la joven descarriada que no se puede amar a sí misma porque nunca nadie la ha amado? ¿Puede la iglesia ministrar a esa persona? ¿Puede cualquiera ministrarla? Si usted no puede, ¿quién, entonces, podría hacerlo? ¿Puede invitarla a su casa o a su iglesia? ¿O somos cristianos tan «perfectos» que no estamos dispuestos a mezclarnos con los pecadores del mundo?

Cuando usted esté *seguro* de sí mismo, estará en condiciones de ministrar a las personas en necesidad: alcohólicos, divorciados, homosexuales, lesbianas y prostitutas. La responsabilidad de la iglesia no es criticar, no es desechar, sino extender los brazos a quienes necesitan el poder transformador del Espíritu Santo en sus vidas.

Invítelos a su iglesia o a su grupo de compañerismo. Ponga su cristianismo a trabajar. El mundo se ha mantenido lejos de la iglesia porque no nos ha visto hacer el trabajo que Jesús vino a hacer.

Una mujer fue sorprendida en el acto de adulterio. La ley decía que había que apedrearla. Se la llevaron a Jesús, Quien era el cumplimiento de la ley. Él no podía pasar por encima de la Ley de Dios. Tenía que obedecerla. Pero Jesús era la Ley, y sólo Él podía cumplirla. La mujer sorprendida en adulterio no podía cumplirla, pero Jesús lo hizo por ella.

Eso mismo hizo Jesús por usted y por mí. Para eso fue a la cruz, para cumplir lo que usted y yo no podíamos cumplir. Si Jesús pagó tal precio por nosotros, ¿cómo podríamos negarnos a ministrar a los que nunca han sido amados por nadie?

¿Se negaría a ministrarles a Jesús?

Seguramente que no. Entonces recuerde sus palabras, cuando dijo: *En cuanto lo hicisteis a uno de estos mis hermanos más pequeños, a mí lo hicisteis* (Mateo 25.40).

9

ASUNTOS PENDIENTES

La *Biblia* no es solo una bella historia de la vida tras la muerte. También es el plan de Dios para ayudarnos a alcanzar una vida abundante aquí y ahora. Jesús vino para que tengamos *vida, y vida en abundancia*. (Juan 10.10).

Dios no nos llamó para transformarnos en ángeles, ni para que seamos superhombres y supermujeres. Nos llamó a ser humanos normales con capacidad para disfrutar su compañerismo y para amarnos unos a otros con un amor auténtico.

Para lograr eso, debemos estar sanos.

Es posible que sus primeras experiencias fueran traumáticas. Las profundas heridas del pasado hacen que mucha gente no pueda disfrutar el libre fluir del Espíritu en sus vidas.

Para recibir sanidad, usted debe ser capaz de sacar a flote las heridas profundas para deshacerlas. Cuando el corazón (lo profundo de su mente) se libera de los efectos de esas experiencias traumáticas, usted puede ser lleno del Espíritu Santo y ser sanado por completo.

Dónde se esconde el pasado

Freud dijo: «El subconsciente ni miente ni envejece».

Algunos eruditos en sicología no aceptan a Freud y rechazan de plano sus teorías. Creo que eso viola el principio bíblico, que dice: «Examinadlo todo; retened lo bueno» (1 Tesalonicens 5.21). Rechazar algo por completo, sin considerar otras verdades, es ignorancia.

En algunas iglesias, la gente dice: «Soy presbiteriano y todo lo que creen los bautistas es incorrecto» o viceversa. Esa es temenda ignorancia.

La declaración de Freud sobre el inconsciente significa sencillamente que las experiencias ocultas en su pasado influencian su presente e incluso su futuro. Por supuesto, un punto de vista espiritual no tiene pasado, presente ni futuro. Eso es simplemente la terminología que usamos para entendernos.

Ilustración A

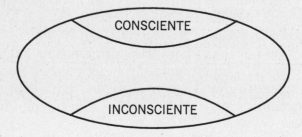

El subconsciente ni miente ni envejece. Freud

Sépalo o no, las experiencias que le ocurrieron en su niñez ahora se activan. ¿Por qué? Porque el pasado es activo. Eso significa que la persona no olvida lo que le ocurre. Puede ser que no lo recuerde, y llame a eso olvido; lo que en realidad hace es empujar las experiencias dolorosas hacia la mente subconsciente.

En lo emocional y en lo espiritual, no existe el tiempo ni el espacio. Un dolor sufrido diez, veinte o cincuenta años atrás, continúa siendo tan real como si hubiera ocurrido hoy en la mañana. Ese es el pasado activo. Usted puede vivir ahora, en el presente, pero ese dolor pasado está afectando su manera de pensar y de sentir.

Solo en la forma que usted y yo tratemos ese dolor, como si fuera algo del presente, determinará que lo erradiquemos o no. Las raíces del pasado deben desenterrarse. Luego hay que perdonar a la persona que le hirió y le marcó.

Ya expresé algo de los difíciles momentos de mi infancia y cómo, con cada incidente humillante, mi autoestima se hizo más y más débil. El dolor era tan grande que, cuando crecí, solo

> *Las raíces del pasado deben desenterrarse.*

quería vivir el presente y jamás pensar en el horrible pasado. Aquellas heridas siguieron siendo dolorosas como al principio y no podía ignorar que estaban allí. No era cuestión de encogerme de hombros y decir: «Bueno, ya las olvidé. Son cosas del pasado». Sabía que debía enfrentarlas.

Es más fácil guardar las experiencias traumáticas en la mente subconsciente que tratar con ellas. Es más sencillo enterrarlas que llorar. Otra palabra que describe este proceso es *represión*.

Ilustración B

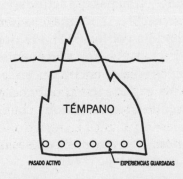

TÉMPANO

PASADO ACTIVO   EXPERIENCIAS GUARDADAS

Cuando un trauma le causa heridas y marca profundamente su niñez, algunas de esas cicatrices no le molestan porque la naturaleza hace que usted desarrolle sus mecanismos de defensa.

Por ejemplo, cuando alguien tiene una úlcera, la naturaleza crea una capa protectora alrededor de ella. Así, la persona puede vivir por años con una úlcera sin saberlo. Si tuviera que someterse a una cirugía, el cirujano encontraría una úlcera con cicatrices a su alrededor.

La expresión «llora niño» describe bien este fenómeno sicológico. El niño que hay en usted no quiere enfrentar los conflictos porque son dolorosos. Solo los adultos los enfrentan; los niños no.

Usted se deprime porque es un camino fácil para evadir la confrontación con los conflictos. La depresión es una forma de autocastigo que evade la realidad. Mientras usted se deprime, otros le expresan lástima. Entra en la autocompasión, de modo que el pequeño niño que tiene dentro desea que lo compadezcan.

Cómo se activa el pasado

Veinte, treinta o quizás cuarenta años atrás tendría usted una experiencia traumática que un mecanismo de defensa al que llamamos *represión* envió a la mente subconsciente.

Como no existe distancia emocional entre el pasado y el presente, las heridas en su pasado activo son tan obvias como si fueran del presente. Si no enfrenta esas heridas del pasado, le seguirán doliendo en el futuro. En lo que se refiere a las emociones, el espacio y el tiempo no cuentan.

Digamos que un día se encuentra en la iglesia y ocurre algo que activa esa experiencia traumática guardada en su mente subconsciente. Usted reacciona cuando el pasado activo se dispara.

Usted reacciona, no actúa. Si actúa, controla todo. Si reacciona, no tiene nada bajo control.

Permítame formular una situación hipotética, similar a lo que le ocurre a todo el mundo.

Supongamos que llego a la iglesia un domingo en la mañana y mis pensamientos se enfocan en el contenido del sermón que voy a predicar. Una simpática hermana, Laura, a quien amo profundamente, se me acerca. Aunque mis ojos la ven, mi mente está todavía en otras cosas, por lo que realmente no la advierto. Así que no digo nada.

Este desaire involuntario de mi parte la hace sentir rechazo. Le recuerda a su padre, que la rechazaba cuando ella era una niña. El era un hombre rígido, frío y nunca le expresó amor. Ella presionó en su mente subconsciente, que es ahora su pasado activo, esa experiencia traumática del rechazo paterno.

Como paso sin hablarle, ella reacciona a mi supuesto «rechazo». Eso crea un verdadero conflicto. Ella pudo haber reaccionado diciéndome, en tono de broma: «No tan rápido, hermano. ¡Ni siquiera me dijo hola!» Yo me habría disculpado y ahí habría terminado todo.

Ella reacciona, sin embargo, con sentimientos dolorosos que activan una subsecuente cadena de reacciones. Cuando otra hermana llega a la iglesia, Laura la detiene y se queja: «¿Sabe lo que el pastor hizo? ¡No me dijo una palabra!» Sus sentimientos se contagian y pronto tenemos una atmósfera recargada de resentimientos que se extiende por la congregación. Toda la rabia contra su padre, oculta en el pasado activo de Laura, se volcará ahora contra la figura de autoridad que sustituye la de su padre: yo.

No es poco común que pastores, maestros u otras personas en posición de autoridad reciban el golpe más duro de los conflictos pasados de alguien.

Durante uno de los cultos de nuestra iglesia, una mujer pronunció una «profecía» que violaba la Escritura. Como pastor, era mi deber parar ese mensaje antibíblico para evitar que la congregación creyera que era del Señor. Ella me discutió públicamente diciendo que yo estaba apagando al Espíritu Santo.

Yo le repliqué: «No, el Espíritu Santo no se contradice con las Escrituras. Por lo tanto, hago uso de mi autoridad y le ordeno, en el nombre de Jesús, que se calle».

La mujer se paró y se fue. Pocos meses después, la internaron en una institución para enfermos mentales. Para ella fue más fácil huir que enfrentar el conflicto.

Situaciones como esta y otras estrechamente relacionadas son a menudo pequeñas chispas que dan origen a un incendio detrás de una iglesia dividida.

Entre paréntesis, déjeme asegurarle que Dios quiere iglesias divididas, pero quiere que esas divisiones ocurran a causa de un crecimiento saludable.

En nuestra iglesia en Puerto Rico, estamos dividiendo nuestra creciente congregación en grupos de células, las que a su vez se dividirán para generar más crecimiento. Dios usa este método de división de la iglesia basado en crecimiento y buena salud, lo cual es contrario a las iglesias divididas por reacciones negativas.

Transacciones incompletas

Dios, en su gran sabiduría, le creo para que fuera un ser completo, tanto física como emocionalmente. Este es el principio de *homeóstasis* por el cual todos los organismos tratan de mantener un equilibrio interno.

Este principio actúa en su cuerpo de tal manera que le indica lo que necesita. Si necesita sal en su sistema, usted tenderá a poner demasiada sal en sus alimentos. Si necesita azúcar, la pondrá en su café o comerá algo dulce.

Muchas personas están desequilibradas. Debido a un negocio inconcluso, a una transacción incompleta, o alguna deuda de amor se encuentran en el presente con un proceso del pasado incompleto.

Por ejemplo, una mujer que anhela el amor y la aceptación de su padre, en su «búsqueda» de este, puede convertirse en una vedette nudista. Busca hombres en un esfuerzo por satisfacer el profundo deseo de tener a su propio padre.

En cada uno de nosotros hay una necesidad, puesta por Dios, que debe ser satisfecha.

Usted puede ir por la vida con necesidades no satisfechas y acostumbrarse a lidiar con ellas, pero *usted* nunca será todo lo que desea todo lo que *Dios* quiere que sea.

Alguien dijo que el hombre es un «todo incompleto en proceso de completarse». Me gustaría añadir algo más a esa afirmación y decir que el hombre es un «todo completo» que se desintegró. Ahora necesita ser completado.

El hombre original era un ser completo. Fue el pecado el que desequilibró su vida y destruyó la visión de perfección. El primer Adán fue un todo completo que llegó a ser imperfecto. Ahora, mediante Cristo Jesús, queremos ser de nuevo completos y esto crea tensión.

Escudriñar el pasado para completar asuntos inconclusos produce temor. Es más, solo pensarlo atemoriza a las personas. Es difícil volver atrás y completar tareas inconclusas.

El amor posesivo que mi madre sentía por mí pudo hacerme suponer que todo estaba bien. Habría intentado vivir sin problemas, pero mi vida emocional continuamente trataba de activar mi pasado. Sabía que tenía que liberarme. Aunque era difícil, doloroso y produciría lágrimas, retrocedí a mi pasado, me enfrenté con él y luego volví al presente. Ese es el dilema de toda terapia.

¿De qué huye?

Los nuevos patrones de conducta se aprenden practicándolos. El apóstol Pablo escribió que debemos aprender a «andar en el Espíritu», por lo tanto eso es algo que se aprende. Usted aprende a hacerlo cuando no permite que ese pequeño bebé que hay en su interior le diga cómo debe operar. En algún punto tiene que interrumpir ese ciclo, enfrentar sus

La conducta adulta analiza la situación, lo intenta una y otra vez, hasta que alcanza la meta.

conflictos no resueltos y desarrollar nuevas formas de contender con sus emociones.

Usted se preguntará: ¿Cómo traté de resolver mis problemas antes? ¿Enfadándome, pateando el piso, o huyendo de la situación?

A veces siento como si estuviera huyendo de mis responsabilidades. Siento que me escondo o desisto, pero esa es una típica conducta infantil. La conducta adulta analiza la situación, lo intenta una y otra vez, hasta que alcanza la meta.

Recuerde, lo más fácil es huir; y es lo que hacemos emocionalmente, aunque casi nunca físicamente. Usted dice o hace algo para no expresar su verdadero sentimiento. Por ejemplo: «Oh, no, eso no tiene sentido. No me interesa».

Pero sí tiene sentido. Es preferible sufrir la agonía y el dolor momentáneos por el crecimiento y la fortaleza que al fin le dará.

En Teoterapia hay dinámicas que le estremecerán al enfrentarse a su pasado. Todo eso, sin embargo, vale la pena porque, al final, lo logrará, avanzará y sanará. Lo importante es el resultado.

Mucha gente encuentra sustitutos para este proceso. En lugar de buscar consejo o asistir a un seminario de Teoterapia, se vuelven al alcohol, las drogas o al juego de azar. Tratan de escapar del pasado y evaden la sanidad ahogando el dolor con hábitos destructivos. Eso no es correcto. Es mejor pasar por el dolor de la experiencia y salir adelante.

¿Cómo sabe usted cuán efectivamente ha enfrentado su pasado? La respuesta es: cuando pueda lidiar efectivamente con su presente.

Temer al pasado no es otra cosa que un proceso sin terminar. La gente que no puede tratar adecuadamente con su presente es que tampoco lo ha hecho con su pasado. Todavía escarba en cuanto a asuntos inconclusos.

Cuando complete todo lo que tiene pendiente, aprenderá a vivir en el presente.

Un amigo lo dijo en una forma bella: «Me confronto con mis situaciones difíciles».

Aún en mi propia vida hay muchas cosas que tengo que reparar y lo estoy intentando.

Tarde o temprano todos tendremos que volver atrás y echar una mirada a aquellas áreas dolorosas y desagradables. Emprenda el camino de nuevo y comience el proceso.

Procesar quiere decir empezar a tratar efectivamente aquella área de su vida que le produjo mucho dolor. Al principio es difícil pero, a medida que avance, será más fácil.

A medida que resuelve esos asuntos incompletos y los trate poco a poco, se acercará más y más al momento en que andará perfectamente en el Espíritu.

10

EL FACTOR «X»

Imagínese que está en una jungla y ve a un mono observando las bananas en un árbol. Instintivamente, el animal quiere satisfacer ese vacío que le produce el hambre, así que se sube a la mata, arranca un par de bananas y se las come. Ya no tiene hambre. Satisfecho y somnoliento, salta del árbol y se dispone a tomar una siesta. Se siente perfectamente bien. Tenía hambre, comió y ahora está feliz.

Luego, llega un ateo. Él también tiene hambre y cuando ve las bananas, hace exactamente lo que hizo el mono. Sube al árbol, arranca unas bananas, se las come y satisface su hambre. En ese momento, el ateo observa a la distancia la impresionante puesta de sol con su variedad de sombras y magníficos colores. Extasiado, dice: «Qué hermoso crepúsculo». Hace algo que el mono no pudo hacer. Reacciona ante los valores estéticos que el mono no puede apreciar.

El próximo que llega es un cristiano que también está hambriento. Sus jugos gástricos han empezado a trabajar, así que decide satisfacer su hambre instintiva. Su instinto es tan real como el del mono. Él ama al Señor, pero está hambriento.

Aunque está lleno del Espíritu, está hambriento. Ve las bananas y hace exactamente lo mismo que el mono. Sube al árbol, agarra dos bananas y se las come. Detiene su mirada en la puesta de sol y la admira extasiado.

El cristiano se comporta exactamente como el ateo. En ese punto, no es superior al ateo; están al mismo nivel; él también reacciona a los valores estéticos. El mono no puede; para él lo importante es dormir. Pero los dos hombres son capaces de evaluar y reaccionar ante la belleza.

Entonces, mientras admira la belleza de la creación, el cristiano siente la presencia del Espíritu Santo, cae sobre sus rodillas, levanta los brazos y exclama: «Señor, gracias por las bananas. Y gracias por la hermosa puesta de sol».

El cristiano hizo algo que el ateo no puede hacer. Algo dentro del cristiano reacciona; su mente no estuvo tan involucrada en esa oración como su espíritu. Pudo comunicarse con Dios en una manera que hizo que la lógica resultara innecesaria. Pudo hacer cosas que ni el mono ni el ateo pueden hacer; tocó el Espíritu de Dios a través de su propio espíritu.

«Espíritu-alma-cuerpo»

Usted puede confrontar sus conflictos a nivel del alma. Puede luchar con la enfermedad a nivel físico, pero ¿qué podemos decir en cuanto al nivel espiritual?

Usted puede modificar su reacción física mediante cambios de comportamiento. La gente que se involucra en dietas lo hace. Uno también puede modificar la vida emocional cambiando las actitudes, pero el espíritu no es alterable.

El espíritu no se enferma aunque el cuerpo y el alma lo hagan.

La *Biblia* se refiere claramente a esto en 1 Tesalonicenses 5.23: «Y el mismo Dios de paz os santifique por completo; y todo vuestro ser, espíritu, alma y cuerpo, sea guardado irreprensible para la venida de nuestro Señor Jesucristo».

No somos cuerpo y alma o lo que los sicólogos llaman un ser dual. Dios no nos creó en partes. Somos un todo completo, consistente en espíritu, alma y cuerpo. Es lo que llamamos en Teoterapia el *modelo neumosicosomático* o *modelo «espíritu-alma-cuerpo»*.

Imagínese un trípode, que es un aparato estable. Cuando alguna de sus patas es más corta, hay un desequilibrio. Dios nos creó para tener un equilibrio perfecto: espíritu, alma y cuerpo. Nosotros perdimos ese equilibrio —fue obra de Satanás—, consecuentemente no operamos de manera adecuada. Sin embargo, cuando se quiso aplicar el tratamiento, el hombre moderno dividió a la persona, recomendando que para sus dolencias corporales viera a un médico, para sus problemas emocionales a un siquiatra y a un capellán para sus necesidades espirituales. Esta falta de integración es inefectiva y hace que la persona se sienta fraccionada, como en un laboratorio.

Para entender los principios del tratamiento de la persona completa debemos comprender la diferencia entre espíritu, alma y cuerpo.

¿Qué es el alma?

El alma es la parte de la personalidad en que se asientan sus emociones, su voluntad y su raciocinio. Es la expresión intangible de su personalidad.

Usted no tiene que ser cristiano para expresar odio o amor, temor o enojo. No necesita ser cristiano para deprimirse o sentirse feliz. A nivel del alma, usted empieza a experimentar todas esas emociones.

Los incrédulos las expresan igual que los cristianos y a veces mejor. Es más, algunos incrédulos muestran más estabilidad emocional que muchos cristianos. De modo que su personalidad y sus sentimientos no tienen nada que ver con el espíritu. el cristianismo o la fe.

Es a nivel del alma que experimentamos conflictos y batallas, tentaciones, depresiones, culpa, rechazo, dolores, etc. No hay que ser cristiano para experimentar cualquiera de esas cosas. No tiene que ser cristiano para saber que está deprimido. De la misma manera que ser cristiano no le exime de la depresión o de experimentar las emociones ya mencionadas.

Si usted es cristiano y siente emociones negativas tales como culpa o depresión, Satanás, el autor del engaño, le va a decir: «Tú no eres un buen cristiano, al contrario, ¿por qué te sientes así?»

Ignore sus tácticas. Es así como tiene que establecer la diferencia: Usted no siente enojo o depresión en su espíritu; los síntomas se experimentan a *nivel del alma*.

En ninguna parte la *Biblia* dice que los cristianos estén exentos de los sentimientos negativos. Es la forma en que somos constituidos a nivel del alma lo que hace inevitable que experimentemos esos conflictos.

Definición del factor «X»

Hace algunos años, cuando alguien visitaba a un médico, este fijaba su atención únicamente en el aspecto físico del paciente. Se suponía que todos los síntomas eran corporales. El cuerpo provocaba el dolor; por lo tanto, tratándolo, el dolor desaparecía. A esto se le llamaba el modelo físico.

Durante la Segunda Guerra Mundial, los soldados empezaron a regresar a casa con neurosis bélica. Muchos presentaban síntomas que no podían tratarse como dolencias físicas. Los investigadores descubrieron que muchas de esas dolencias no eran físicas, sino de naturaleza sicológica. Así surgió el modelo sicosomático.

Este modelo explica, sencillamente, que el cuerpo experimenta los efectos de los conflictos emocionales que hay en la persona. Un soldado que se siente culpable por haber disparado su arma podría desarrollar una parálisis en su dedo índice de tal modo que no puede tirar del gatillo. Exámenes médicos revelararían que no existía ningún problema con las articulaciones ni el sistema nervioso.

Aparentemente, el ex soldado expresaba sus conflictos a través de su parálisis. Así, el médico tuvo que referirlo a un siquiatra, que estaba en capacidad de tratar aquellos aspectos del paciente, a nivel emocional, que es lo que llamamos el nivel del alma.

A medida que se adquirió experiencia y el tiempo fue pasando, Dios reveló que el modelo sicosomático era incompleto. Al investigar más profundamente hemos podido ver que hay problemas en otras áreas, pero no sabíamos de qué se trataba. Originalmente, denominamos a este factor perdido y desconocido, como el factor «X».

Posteriormente, descubrimos que hay un aspecto en nosotros que no se puede reducir más allá de un punto. Ahora lo llamamos M.I.P. (Mínimo Irreducible de la Personalidad). En otras palabras, hay un aspecto en su personalidad, en usted, que nunca cambiará. Es lo que usted es en el corazón de su personalidad. La sociedad no lo puede modificar; la herencia no lo puede cambiar; la educación no lo puede transformar; ni los conflictos tampoco.

En Jeremías 13.23 leemos: *¿Mudará el etíope su piel, y el leopardo sus manchas?* Hay cosas que no se pueden cambiar. Son intrínsecas.

Hay algo en usted y en mí que siempre permanecerá igual. El apóstol Pablo escribió en 1 Tesalonicenses 5.23 acerca del «espíritu, alma y cuerpo» indicando que hay un «Mínimo Irreducible» de nuestra personalidad.

¿Qué es nuestro «Mínimo Irreducible»? *El espíritu del hombre.* Eso es lo que nos diferencia de los animales y de los incrédulos.

Cuando usted se convierte en cristiano, su espíritu se vivifica a través de la Palabra. Dios usa su Palabra para resucitar ese «Mínimo Irreducible», ese factor «X», al que la Biblia llama el espíritu (con minúscula).

Un día, mientras escudriñaba las Escrituras, me di cuenta de algo que muchas personas ya saben. Me percaté de que somos como un templo, compuesto por el Lugar Santísimo, el atrio interior, y el atrio exterior. Al momento, entendí la estructura del hombre.

Ilustración A   FACTOR X = M.I.P. = ESPÍRITU

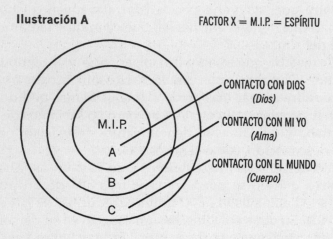

*El Espíritu mismo da testimonio a nuestro espíritu,
de que somos hijos de Dios* (Romanos 8.16).

En el círculo exterior, yo estoy en contacto con el mundo. (Punto «C» en la ilustración.) En el punto «B», estoy en contacto con mi propio yo, y en el punto «A», estoy en contacto con Dios.

Romanos 8.16 se hizo claro para mí porque dice: *El Espíritu mismo da testimonio a nuestro espíritu, de que somos hijos de Dios.*

Su prioridad número uno

El cuerpo está atado a la tierra por el tiempo. La Biblia dice que moriremos una vez y después vendrá el juicio. La

Biblia afirma que viviremos a lo mejor setenta u ochenta años, entonces, ¿por qué preocuparnos?

Aunque el mundo enfatice tremendamente la dieta y el ejercicio, la *Biblia* es clara al señalar que nuestros cuerpos nunca llegarán a ser perfectos mediante el acondicionamiento físico. Está bien cuidar el cuerpo, el templo del Espíritu Santo, pero no perdamos la cabeza en este empeño.

Muchas personas, aun cristianas, no pueden disfrutar de la vida debido a una actitud neurótica compulsiva en cuanto a su condición física. Preocúpese de su cuerpo al grado de que pueda usarlo para hacer la voluntad de Dios, pero no al punto de que esa preocupación se convierta en impedimento para servirle.

Una dama vino a verme con su padre de setenta y seis años de edad. «Hace ejercicios todos los días y tiene una dieta especial», me dijo.

Lo observé mientras él me hacía una demostración, doblando su cuerpo en todas direcciones.

Pocos años más tarde, el caballero murió, y su hija no pudo entenderlo, por lo que se deprimió. «Pero si estaba tan saludable», se lamentaba.

La *Biblia* no le promete que va a vivir para siempre en esta tierra, a pesar de lo que usted haga. Llegará el día cuando tendrá un cuerpo glorificado y entonces no necesitará ejercicios ni dietas.

Respire. Si quiere un poco de helado, sírvaselo. Si de vez en cuando quiere dormir una media hora o una hora más, hágalo. Disfrute la vida. Dios se la dio. Consienta a su cuerpo cuando tenga ocasión porque llegará el tiempo en que tendrá que exigirle que se mantenga funcionando a causa del trabajo, dolor, etc.

Recientemente, tuve que hacer trabajar tiempo extra a mi cuerpo. Dolores intensos provocados por una tendonitis me afectaban una región cercana a la cabeza, y un virus estaba causando estragos en mi sistema digestivo. Estaba tenso y realmente temía que no lo resistiría.

Durante ese tiempo, mi mente me repetía con insistencia: *Anula ese compromiso para predicar, acuéstate, y ponte una bolsa de agua caliente. No tienes por qué sacrificarte tanto. Dios y la gente lo entenderán.*

«Cállate, Satanás», dije. «Eres un mentiroso. Solo por eso, voy a predicar más prolongado que nunca».

Y oré: *Señor, por favor, dame fuerzas suficientes para llegar al domingo.*

Solo las oraciones de los santos me mantuvieron en pie. Descanso y comida adecuada era lo que requería, pero lo que necesitaba hacer era predicar, y lo hice. A lo mejor acorté mi perspectiva de vida en un par de horas o quizás un par de días, pero como voy a estar en la eternidad con el Señor, ¿por qué preocuparme?

Una preocupación neurótica por el cuerpo no es una actitud cristiana. El apóstol Pablo nos dice que *el ejercicio corporal para poco es provechoso, pero la piedad para todo aprovecha.* (1 Timoteo 4.8). La persona que es espiritualmente saludable por lo general, muestra una tremenda fuerza y salud corporal. Mantenga sus prioridades con Dios correctamente: espíritu, alma y cuerpo, en ese orden.

> *Mantenga sus prioridades con Dios correctamente: espíritu, alma y cuerpo, en ese orden.*

El plan de Dios para nosotros es que le demos la mayor importancia al espíritu, luego al alma, y finalmente al cuerpo. Esta sociedad secularizada, sin embargo, ha cambiado nuestras prioridades para que dediquemos la mayor atención a nuestros cuerpos. Dedicamos mucho tiempo a nuestra alma, pero si le concedemos una hora a la semana a nuestro espíritu, sentados en una banca durante el servicio en la iglesia, nos parece que hemos hecho gran cosa.

Por supuesto que no me refiero a los cristianos comprometidos. Hablo de los cristianos «secularizados», si puedo usar el término.

El espíritu no es el alma, y el alma no es el cuerpo. El espíritu es *usted*, el alma es *usted*, y el cuerpo es *usted*.

¿No ocurre lo mismo con Dios? El Padre no es el Hijo y el Hijo no es el Espíritu Santo, y el Espíritu Santo no es el Padre, pero el Padre es Dios, el Hijo es Dios, y el Espíritu Santo es Dios. Es un Dios en tres personas, la Trinidad. Y usted es tres: espíritu, alma y cuerpo: el hombre trino.

¿Qué es el espíritu?

El alma es el asiento de nuestras emociones, eso dijimos, nuestros sentimientos, nuestro raciocinio, nuestra lógica y nuestra voluntad.

¿Qué es, entonces, el espíritu? El espíritu es la parte de usted que solo puede comunicarse con Dios. Permítame aclarárselo.

No hay forma de que pueda conocer a Dios a través de la mente. Con ella, usted aprende *acerca* de Dios. Con el espíritu, *conoce a* Dios. A nivel del alma se *convence*, pero a nivel del espíritu se *convierte*.

Quizás esta sea una de las diferencias que la iglesia debería hacer más clara a la gente. No es suficiente aprender acerca de Dios. No es suficiente creer en Dios. *Usted puede creer en Dios y aun así irse al infierno.* La Biblia dice: *Los demonios también creen, y tiemblan* (Santiago 2.19).

Cuando era capellán en una penitenciaría federal, tenía ochenta y cinco hombres bajo mi ministerio. Eran tipos simpáticos, pero cada vez que oraba, cerraba un ojo y dejaba el otro abierto. La Biblia dice: *Velad y orad*, así que me mantenía velando mientras oraba. Sabía que algunos de esos *tipos simpáticos* eran capaces de cortarme en pedacitos si se les daba oportunidad.

Una noche les pregunté: «¿Cuántos de ustedes creen en Dios?» Se levantaron ochenta y cinco manos. Ni un solo ateo en el grupo. Según ellos, todos eran *creyentes*. Todos creían *en* Dios, pero ninguno creía *a* Dios.

Muchas personas, que saben *acerca* de Dios y puede citar versículos bíblicos de memoria, pasan años en la iglesia y son elegidos a cargos oficiales, pero realmente nunca han *conocido a Dios*. ¡Lamentablemente es una realidad!

Cada una de las noches de la semana en que estuve predicando en una iglesia en Georgia, hice un llamamiento al altar. La última noche, el primero en pasar fue el pastor. Se arrodilló y entregó su vida a Cristo. Más tarde, mientras caminábamos, me dijo: «Por once años he venido predicando con mi cabeza. Hoy le entregué mi corazón a Cristo».

> Con la mente, usted aprende acerca de Dios. Con el espíritu, conoce a Dios.

Es increíble, pero incluso Job conocía a Dios solo de oídas. Después de sus muchas pruebas, dijo: *De oídas te había oído, mas ahora mis ojos te ven. Por tanto me aborrezco, y me arrepiento en polvo y ceniza* (Job 42.5-6). Job conocía a Dios intelectualmente, pero muy dentro de él, jamás *lo había visto*.

Durante varios años, Saulo, experto en la ley canónica judía, sirvió a Dios, creyendo que estaba haciendo lo que era correcto, y pensando que lo conocía. Pero un día Dios se le reveló en el camino a Damasco. Este Saulo, que llegó a ser Pablo, dijo: *Señor ¿qué quieres que haga?* (Hechos 9.6). Quedó literalmente ciego, pero sus ojos espirituales fueron abiertos para ver en verdad a Dios.

La persona normal

Todos conocemos a personas que se autodenominan cristianos y que creen que conocen a Dios, pero que en realidad solo saben algo *acerca* de Dios. Esta es una de las razones por la cual la Iglesia está tan enferma. Hemos confundido estos dos conceptos. En nuestro anhelo por convertir al mundo, le hemos hecho creer a la gente que, porque saben algo de Dios, de la *Biblia* y la leen, ya son cristianos.

Usted no es cristiano porque lea la *Biblia* o vaya a la iglesia u ore. Conozco personas que hacen todas estas cosas, pero no son cristianos.

La conversión tiene lugar a nivel del espíritu; la convicción, el aprender acerca de Dios y del pecado, se da a nivel del alma. No nos convertimos en el nivel del alma. Solo se llega a ser cristiano cuando el espíritu recibe vida y es tocado por el Espíritu de Dios. Dios, el Padre, lo toca a usted mediante el Espíritu Santo, quien toca su espíritu, que a su vez afecta su alma, y esta se expresa a través de su cuerpo, y al mismo tiempo toca a Jesús, quien a su vez palpa a Dios. *El que me ha visto a mí, ha visto al Padre* (Juan 14.9).

Cuando se completa este ciclo y el individuo empieza a operar en estos tres niveles, podemos decir que esa persona es normal. Espiritual y emocionalmente empieza a trabajar como Dios quiere que lo haga.

Es probable que haya más de trescientas definiciones de normalidad. En una ocasión, uno de mis hijos, estudiante de medicina, me preguntó:

—Papá, ¿cómo define la Teoterapia a una persona normal?

Lo que oí fue:

—Nadie en la escuela de medicina me ha dado una definición satisfactoria.

—¿Qué te dijo tu profesor? —le pregunté.

—Dijo que ellos no saben qué es normalidad.

—Y tu deducción, ¿cuál es?

—Si no sé qué es una persona normal —me dijo confundido—, ¿cómo voy a llevar a alguien a la normalidad? ¿Cómo podría guiar a alguien si no sé a dónde voy?

En Teoterapia decimos que una persona es normal cuando las demandas de su vida están equilibradas con el potencial que Dios le ha dado para satisfacerlas. Eso es lo que llamamos normal. (Véase la ilustración «B».)

Ilustración B

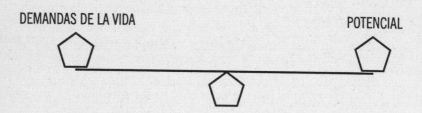

DEMANDAS DE LA VIDA   POTENCIAL

NORMALIDAD: CUANDO LAS DEMANDAS DE LA VIDA ESTÁN EQUILIBRADAS CON EL POTENCIAL DADO POR DIOS

Características de una persona madura

Para hacerlo más claro, permítame darle seis rasgos o características de una persona madura o equilibrada:

Primero, una persona madura sabe quién es y para qué vive.

Conoce cuán real es el Salmo 144.3-4: *Oh Jehová, ¿qué es el hombre, para que en él pienses, o el hijo del hombre, para que lo estimes? El hombre es semejante a la vanidad; sus días son como la sombra que pasa.*

Demasiadas personas viven tan aprisa que ni siquiera conocen el propósito de sus vidas. Eso es inmadurez.

Jesús, el Ejemplo Supremo, sabía para qué vivía. A los doce años de edad, dijo: *¿No sabíais que en los negocios de mi Padre me es necesario estar?* (Lucas 2.49).

A los treinta, dijo: *Mi comida es que haga la voluntad del que me envió* (Juan 4.34). A los treinta y tres, tuvo la madurez para expresar: *Padre, en tus manos encomiendo mi espíritu* (Lucas 23.46).

Jesús no solo sabía para qué vivía sino que también sabía quién era. A la mujer samaritana le dijo: *Yo soy* [el Mesías, el Cristo], *el que habla contigo* (Juan 4.26). A Felipe le indicó: *Yo soy en el Padre, y el Padre en mí* (Juan 14.10).

A los discípulos: *Yo, la luz, he venido al mundo, para que todo aquel que cree en mí no permanezca en tinieblas* (Juan 12.46).

Segundo, una persona madura sabe cómo aceptar responsabilidades por lo que hace ante Dios, ante las demás personas y ante sí misma.

No culpa a nadie cuando algo sale mal.

Tercero, la persona equilibrada sabe cómo tener y usar autoridad. Sabe cómo ser manso, aunque firme. Solo la persona que aprende a someterse a la autoridad puede tener autoridad.

Cuarto, la persona madura acepta y confronta los conflictos sabiendo que nunca debe ignorarlos.

Sabe que si los confronta, siempre producirán bendiciones. «Estas cosas os he hablado para que en mí tengáis paz. En el mundo tendréis aflicción; pero confiad, yo he vencido al mundo» (Juan 16.33).

Quinto, la persona madura es una que perdona y que sabe que tiene que perdonar porque ella misma ha sido perdonada. «Antes sed benignos unos con otros, misericordiosos, perdonándoos unos a otros, como Dios también os perdonó a vosotros en Cristo» (Efesios 4.32).

Perdonar es un acto de la voluntad. Jesús tuvo muchas razones para no perdonar a los que se burlaron de Él y lo crucificaron, pero decidió perdonarlos cuando dijo estas palabras inolvidables: «Padre, perdónalos, porque no saben lo que hacen» (Lucas 23.34).

Sexto, la persona madura sabe cómo amar.

Practica 1 Corintios 13, el capítulo del amor en la Palabra de Dios. Una persona así no es posesiva, ni dominante, rígida, ni exigente. El verdadero amor tiene una sola exigencia: no exigir. Aprender a amar, desde una perspectiva bíblica, es aprender a descansar en Jesús.

Nuestra salud mental depende, en gran medida, de cómo podemos amar. Nuestro verdadero problema no es ser amados, sino amar *a otros. En esto consiste el amor: no en que nosotros hayamos amado a Dios, sino en que Él nos amó a nosotros, y envió a su Hijo en propiciación por nuestros pecados* (1 Juan 4.10).

En resumen: Un individuo maduro, equilibrado, es alguien que sabe quién es y para qué está aquí en el mundo; que asume su responsabilidad por los actos que ejecuta, que puede someterse a otros mientras aprende a aceptar y a ejercer autoridad, acepta y confronta los conflictos, y aprende a perdonar y a amar sin controlar ni exigir.

11

CAMBIE SU MANERA DE VIVIR

Cuando era niño, mi mascota era una gallina, la cual tenía atada a una cuerda. Durante tres días tiró y tiró hasta que finalmente aprendió que no podría liberarse. Un día, le quité la cuerda, pero no se movió del lugar donde la había dejado. Creía que aún estaba atada. Aunque era libre, actuaba como si estuviera atada.

Eso me recuerda a algunas personas. Atrapadas en cierto patrón de conducta por varios años, aprenden a vivir en un estado depresivo. La autocompasión se convierte en un estilo de vida para ellos.

Su comportamiento está tan profundamente arraigado que, aunque no tienen por qué seguir deprimidos, actúan como mi gallina. Cuando son liberados, actúan como si siguieran estando atados. Liberarse les es tan difícil que forman un nuevo patrón de conducta en lugar de vivir en libertad y con las responsabilidades que la libertad implica.

Algunas personas repiten una terapia tras otra y nunca experimentan cambios. Sustituyen su patrón de conducta neurótica por un terapeuta que los mima de una crisis a la siguiente. Es más, muchas personas están dispuestas a pagar altas sumas para que alguien los lleve de la mano mientras van por la vida.

Eso es neurosis. No es de sorprenderse que algunas personas pasen diez años en el consultorio del siquiatra sin aprender a enfrentar la vida solos.

Conozco a una mujer que llama a su siquiatra antes de ir al cine. «¿Cree usted que está bien que vaya al cine o piensa que la película me perturbará mucho?»

El siquiatra le dice: «Venga a verme mañana y se lo diré». Esto le costaría otros cien dólares. Esa es la manera en que cuida de esa «mujer-bebé» que depende de él.

Una joven me dijo hace poco:

—Oh, pastor, oré para que Dios me hablara en cuanto a ir o no a otro país como misionera. Le dije al Señor: «A menos que me hables y me digas que no debo ir, iré».

Le di veinte razones por las que no debía ir. Cuando terminé, me respondió:

—A menos que el Señor me diga que no, de todos modos, iré.

—¿No se le ha ocurrido pensar que quizás Dios me está usando para que le diera veinte razones por las cuales usted no debería ir? —le pregunté.

Sonrió nerviosamente, tratando de ocultar su conflicto, y dijo:

—Pero el Señor es quien tiene que decírmelo.

Ella es como un joven que dijo: «Me casaré con quien tú digas, Señor, siempre y cuando sea Lucy».

Deja ir al pueblo

Otras personas se hacen demasiado dependientes de su pastor o de la iglesia. Para ellos, esta es como un nido, y a veces Dios desbarata el nido para hacer que la gente salga. Sin embargo al pastor inseguro, no le agrada ver a los miembros abandonando su iglesia. Inconscientemente, hará que dependan de él para que nunca se les ocurra irse.

La tarea de un pastor es hacer a las personas tan libres que no lo necesiten más. Deberían sentirse libres de irse si así lo desean. Por lo general, ocurre todo lo contrario: las personas desean quedarse donde se sienten libre. Cuando el cristiano maduro abandona la iglesia, no sale peleando, criticando o juzgando al pastor, sino porque Dios le dirige a otra parte.

Un domingo por la mañana, subí al púlpito sintiéndome un poco deprimido, aunque lleno de valor. Anuncié: «El que quiera irse de la iglesia, que se ponga en pie y salga. Aun así, lo seguiré amando». La gente ama la iglesia que le permite crecer.

Cuando las multitudes estaban abandonando a Jesús, Él les preguntó a sus discípulos: «¿Queréis vosotros iros también?»

Aquellas palabras de Jesús siempre las he interpretado así: «Si quieren irse, pueden hacerlo». Jesús nunca retuvo a nadie. Nunca obligó a nadie a que predicara de Él. Siempre le dio libertad a las personas, de que incluso, lo abandonaran si lo deseaban (Juan 6.67).

Cuando los pastores alcanzan tal grado de libertad que pueden animar a los miembros a dejar sus iglesias, miles vendrán porque andan en busca de libertad. Tal clase de atmósfera es la que atrae a las multitudes.

Nuestra iglesia crece a pasos agigantados, y Dios ha dicho que va a darnos diez mil personas. Yo creo en Él y lo estoy esperando. Ellos van a venir porque me siento lo suficientemente libre como para dejarlos ir.

Muchas familias alardean de la unidad familiar y el gozo de estar juntos. Pero cuidado, a veces ese hermetismo familiar puede ser una forma de falta de libertad, que impide a los hijos valerse por sí mismos.

Cuando el «niño» o la «niña» crezcan, mamá y papá tendrán que dejarlos ir. Si trata de retenerlos, se rebelarán y se volverán contra usted consciente o inconscientemente. Su hijo debe ser libre. Si él es emocionalmente estable, se irá y mantendrá una buena actitud hacia sus padres.

Usted puede cambiar

Hermanos, yo mismo no pretendo haberlo ya alcanzado; pero una cosa hago; olvidando ciertamente lo que queda atrás, y extendiéndome a lo que está delante, prosigo a la meta, al premio del supremo llamamiento de Dios en Cristo Jesús (Filipenses 3.13-14).

Olvidar las cosas que le atan a «lo que queda atrás» y esforzarse en procurar la meta es, en términos sicológicos, modificación de la conducta. Usted necesita modificar, alterar o cambiar su forma de vivir.

Es perfectamente comprensible estar confundido, pero no se va a quedar siempre así. Algo habrá que hacer para superar esa situación. Tiene la libertad de escoger entre quedarse en un estado de confusión o ser libre. Usted decide. Nadie, sino usted tiene que hacer esa decisión.

A veces, a las personas les gusta estar confundida y les encanta perpetuar esos sentimientos de confusión. Disfrutan con las depresiones porque otros les expresan lástima, los complacen y les dan atención. ¡Les resulta divertida la conmiseración!

Con un pequeño esfuerzo, usted puede librarse de esa trampa. Y al hacerlo, va a poder disfrutar de algo mucho más hermoso que aquel estado de confusión en el que estaba.

Las personas cambian únicamente cuando el dolor de quedarse como están es menor que el del cambio. Por ejemplo, el alcohólico va a beber hasta que le resulte tan agobiante, que dejar de hacerlo, sea menos doloroso que seguir tomando.

La *Biblia* dice: *Os he puesto delante la vida y la muerte...
escoge, pues, la vida* (Deuteronomio 30.19). Escoge una nueva
vida, una vida libre de inhibiciones, de ataduras emocionales
que le han mantenido maniatado.

Es posible que su pasado activo tenga muchas cosas que
necesitan ser enderezadas. Sin duda aún existen otras áreas
que requieren sanidad. A medida que el tiempo pase, continuará procesando y tratando con su pasado activo.

Ahora está viviendo en el presente y debe darse cuenta
de que tiene un futuro por delante. Para entrar victoriosa-
mente en él, debe dejar de vivir en el pasado y empezar a
vivir con los ojos en lo que viene.

Pablo afirma eso en una forma hermosa y directa cuando
dice en Gálatas 5.25: *Si vivimos en el Espíritu, andemos también
en el Espíritu.*

Con mucha frecuencia, las personas me preguntan de
qué forma se anda en el Espíritu. Para hacerlo debe modificar
su estilo de vida. Andar en el Espíritu es modificación de la
conducta.

Camine, declárese triunfador en Cristo, el Señor. Cambie
sus patrones de conducta.

Cómo andar en una vida nueva

Aunque haya tenido éxito al tratar con sus conflictos en
su pasado activo, eso no es suficiente. Entre su pasado activo
y su presente, usted ha venido formando patrones de conducta. Son tan fuertes que aunque los haya superado en el
pasado, a veces siguen presentes como antes. Esto lo vemos
todos en el caso del fumador reformado que sigue llevándose
la mano al bolsillo de su saco donde acostumbraba guardar
los cigarrillos.

Aprender a andar en la nueva vida significa abandonar
los viejos patrones de conducta y adoptar nuevos. El nuevo
patrón de conducta significa que ya no habrá más lamentos,
conmiseraciones, ni se buscará atraer la atención de los demás,

ni gimoteos, ni quejas, ni dependencia de otros. Sí, habrá crecimiento hacia la madurez aun cuando tienda a asustarse.

La clave es aprender a dar a otros. Mire hacia afuera, a los demás, en lugar de ver hacia adentro, hacia sus propias necesidades. *Más bienaventurado es dar que recibir.*

> *Usted es responsable de andar en la luz que Él le dio.*

Haga feliz a alguien. Transfórmese en un instrumento del Señor para ser de bendición a los demás. Decídase, es solo en la forma en que usted ha sido liberado que podrá ayudar a traer sanidad a otros.

No permanezca en un estilo de vida neurótico. Si lo hace, no podrá tomar ninguna decisión porque estará atado, como lo estaba mi gallina.

Dios le dio la oportunidad de escoger la vida. Pero Él no lo mimará mientras no se libere. Usted es responsable de andar en la luz que Él le dio.

Un exitoso hombre de negocios, miembro de mi iglesia, vino a verme preso de una depresión extrema. Trabajamos con Teoterapia, pero continuó regresando con el mismo problema. Le enseñé cómo hacer una sicografía (gráfica basada en cómo una persona se siente cada día del mes) y cómo trabajar con sus áreas problemáticas, cosa que hizo.

Ahora, cada vez que se siente tentado a deprimirse de inmediato dice: «Un momento. ¿Cuáles son las condiciones aquí? ¿Por qué me estoy dejando deprimir? ¿De qué estoy huyendo?» En cuanto se presenta la tentación, la rechaza y enfrenta la depresión.

Cuando mis estudiantes aplican la sicografía a sus vidas, aprenden a analizar las áreas críticas que les causan problemas. Después de eso, pueden tomarse su propio pulso sicológico y aprender a enfrentar sus necesidades.

Descubra, en su vida, qué es lo que está haciendo que le produce depresión. Si piensa que es porque el pastor no le saludó el domingo, está equivocado. El pastor no le deprime.

Nadie le deprime. Usted decide deprimirse con lo que otros dicen o le hacen.

Cómo enfrentar la depresión

Tras la mayoría de las depresiones es posible encontrar enojo y culpa. El enojo, como ya vimos, puede ser de dos clases: normal y neurótico.

En la depresión neurótica, usted empuja ese enojo muy dentro para no verlo. Siempre está ahí, pero en forma latente. Ocasionalmente levanta su fea cabeza, pero usted no la ve como enojo. Si le preguntara si está enojado, probablemente me diría que no; sin embargo, si asistiera a una sesión de dinámicas de Teoterapia, descubrirá que verdaderamente estaba enojado.

Lo mismo pasa con la culpa. Es fácil remediar la culpa normal.

Usted ve una manzana en la mesa del hotel. La toma y se la come. Siente una pequeña culpa porque debió haber pedido permiso antes de tomar la fruta. Le ofrece al administrador del hotel pagar por la manzana, pero él le dice que usted no le debe nada. Su pequeña culpa se disipa.

Por otro lado, la culpa neurótica ataca por detrás, de modo, que usted no se percata de dónde salió. A menudo, la culpa neurótica puede causarle depresión.

Si recibe una carta con malas noticias, quizás piense que fue la carta la que le deprimió. Pero ese no es el caso. La carta solo fue lo que hizo que su depresión se activara, de modo que ahora tiene que confrontar la verdadera causa, que probablemente sea el enojo. ¿Con quién está enojado?

Debe analizar el enojo que hay tras su depresión hasta que lo ubique. Una vez que lo identifique, tendrá que desactivarlo. Lo desactiva echándolo afuera. La *Biblia* llama a eso confesión. *Confesaos vuestras ofensas unos a otros ... para que seáis sanados* (Santiago 5.16). Eso significa expresárselo a alguien, pero sobre todo, a Dios. 1 Juan 1.9. Reconozca: «Estoy enojado». Toque sus sentimientos.

Si desobedece el consejo de Efesios que amonesta a «no dejar que el sol se ponga sobre su enojo», y se va a dormir albergando la ira, la guardará en su ser interior. Es posible que le haga aumentar de peso, quizás empiece a sufrir artritis o cualquier otra enfermedad. El coraje le afectará de alguna forma negativa que a usted no le va a agradar.

Si una persona cercana a usted se ofende, invítela a un café y sea franco con ella. «Sentí coraje, no contigo, sino por algo que hiciste». Nunca diga a la persona que *ella* es la causa de su enojo. Es lo que esa persona *hizo* la causa de su enojo. Pudo haber hecho veinte cosas buenas que le agradaron, pero una sola pudo haberle causado su enojo. Confróntela y explíquele: «Te agradezco las veces que has sido tan amable, pero esto que hiciste me enfureció. Pregúntese ¿por qué me molestó? Analícelo, luego y desactívelo perdonando.

La otra persona no es el problema. *Usted* es el problema. Cuando lo desactive, no tiene por qué seguir siendo un problema. Sea que la otra persona entienda y acepte tratar el asunto será su decisión, no la de usted.

Permítame recordarle: modificación de la conducta quiere decir cambiar su estilo de vida. Ahora que ha resuelto sus conflictos o está en proceso de hacerlo, empiece a caminar en forma diferente. No vuelva a los viejos conflictos. No se comporte como un bebé. No siga mendigando atención. No siga demandando: «Dáme. Dáme». Como dice Pablo en 2 Corintios 5.17: *De modo que si alguno está en Cristo, nueva criatura es; las cosas viejas pasaron; he aquí todas son hechas nuevas.*

Usted es una nueva criatura en Cristo. Modifique su conducta de modo que en verdad sea esa nueva criatura. Ante usted hay un emocionante presente y futuro, donde «todas las cosas son hechas nuevas».

12

PERDÓN:
EL ANTÍDOTO DE DIOS

Porque si perdonáis a los hombres sus ofensas, os perdonará también a vosotros vuestro Padre celestial; mas si no perdonáis a los hombres sus ofensas, tampoco vuestro Padre os perdonará vuestras ofensas (Mateo 6.14-15).

En capítulos anteriores nos referimos al miedo, a la ansiedad, a la culpa y a la seguridad básica. Estas angustias y heridas producen fragmentación o desintegración del ego.

Perdonar es crucial para la sanidad porque, la mayoría de las heridas, las causan factores externos y otras personas. Necesitamos examinar por qué y cómo ocurrieron esas heridas y de qué forma podemos lograr la reintegración del «ego». Esto es esencial para una buena salud emocional.

Primero, analicemos al «ego» en sí mismo. En el griego, ego significa «yo». Yo soy el «ego», pero el «ego» es un dictador que insiste en ser complacido. Por eso la persona inmadura típicamente dice: «Quiero lo que quiero cuando quiero». Ese dictador insiste en sus «derechos».

¿Qué es lo que causa este resquebrajamiento en el ego, esa tensión? Ocurre cuando en la infancia se forma una inseguridad básica,como cuando el niño, en su manipulación, insiste en conseguir alguna cosa que no es necesaria, que solo es un capricho, y que alguien se la da. Complacerlo por su mera manipulación en su antojo no proyecta fortaleza y seguridad, sino que crea un amor adulador que hace que la criatura se sienta insegura.

Cierto día, durante un viaje en avión. Pude observar una joven madre cargando en sus brazos a un bebé bastante gordito. Cuando el niño empezaba a llorar, ella le cubría la boca con su mano para silenciar los gritos. Y cuando la criatura insistía en llorar, ella le pegaba.

Le dije: «Señora, perdóneme pero quizás la presión le esté haciendo doler los oídos. Déjelo llorar porque así la presión del aire no lo afectará tanto».

Mis palabras no sirvieron de nada; es más, se enfureció con la pequeña criatura. Luego le puso un biberón en la boca, obligándolo a tomar leche. Por supuesto, el bebé se puso a tomar la leche y la mamá se sintió aliviada.

Mientras observaba lo que ocurría, noté que ese bebé ya había aprendido a manipular a su madre. Sabía que cada vez que tomara leche de ese biberón, le gustara o no, su madre se iba a tranquilizar y no le seguiría pegando.

Ese bebé crecerá y será un adulto grueso porque habrá aprendido que cuando necesite seguridad, la respuesta será la comida. Comer tranquilizaba a su madre.

Desactive el enojo

El rechazo se produce cuando una persona ama y nadie reacciona o cuando una persona quiere recibir amor y nadie está allí para dárselo. Eso es rechazo y es rechazo que hiere. Estos son factores que desintegran el ego.

Las grandes heridas vienen cuando usted espera recibir cierta cantidad de amor, pero no lo recibe. A menos que se condicione a eso, y lo olvide, siempre estará implorando ese amor.

Ese niño o niña dentro de usted siempre estará implorando y buscando ese amor que dice: «Dame, dame porque si no, me voy a deprimir». Esta deuda de amor no puede volverse a pagar. Debe ser cancelada con el amor de Cristo Jesús.

Jesús murió para cancelar cada deuda de amor. Cuando usted se dé cuenta de esta realidad, estará capacitado para perdonar a otros en una forma genuina.

El enojo hacia otro puede combatirse con una simple confesión a la persona con quien tiene el enojo. Sin embargo, recuerde, que no fue esa persona la que le hizo enojar sino que fue usted mismo el que decidió *reaccionar* a algo que esa persona dijo o hizo. Por lo tanto, puede remediarlo rápidamente yendo a su hermano y diciéndole: «Lorenzo, algo que *hiciste* me molestó». No diga: «Lorenzo, me *hiciste* enojar».

Quizás Lorenzo le haya pisado los juanetes. Dígale: «Lorenzo, me pisaste los juanetes. No estoy enojado contigo, pero los juanetes me duelen terriblemente, así que quiero hablar contigo de esto».

Es el pisotón en los juanetes lo que le hizo enojar, no Lorenzo. Muchas otras cosas de Lorenzo no le hacen enojar, pero sí que le pisara los juanetes. En el momento en que usted dice: «Lorenzo, me pisaste los juanetes y eso me hizo enojar», está desactivando el coraje.

Lorenzo puede responder una de dos cosas: «Te lo merecías», lo cual le enfurecerá más, o «Lo siento. No fue mi intención». Una vez que la comunicación se restablezca, se establece la relación, se restaura una situación saludable y todo el mundo estará feliz.

Un corazón encadenado

Supongamos que en lugar de enfrentar la situación hipotética descrita anteriormente se va a la cama y sigue pensando en Lorenzo y lo que le hizo. «Él me maltrató debió fijarse dónde ponía los pies, pero no quiso hacerlo». En verdad, usted siente que debería haberle hecho pagar de alguna manera lo que le hizo. Sigue refunfuñando en torno al asunto.

Si asume esa actitud, lo que hace es permitir que el enojo llegue al nivel del corazón. Una vez allí, es difícil extraerlo. Le produce una cicatriz y mantiene cautivo a Lorenzo dentro de usted.

> *Un corazón que no perdona es un corazón en cautiverio.*

De alguna manera le dirá a Lorenzo que le hirió, pero no lo liberará de lo que hizo. Al no perdonarlo, lo mantiene amarrado a una acción suya en el pasado. Al mismo tiempo, la culpa suya por no perdonarlo, lo mantiene también atado al pasado.

A menos que pueda perdonar a esa persona, estará cautivo y mantendrá a la otra parte igualmente cautiva. Un corazón que no perdona es un corazón en cautiverio.

Si su madre le hiere, no hay nada de superficial en ese daño. Debe reconocerlo y tocarlo. Debe decirle a ella, aunque ya no viva: «Sí, mamá, me heriste. Me marcaste para toda la vida». Diga todo lo que tenga en su corazón. Échelo fuera.

Luego, elimine ese resentimiento perdonándola: «Pero, mamá, te perdono por todo lo que hiciste que me causara esa angustia. Te amo». Cuando eso ocurre, las cicatrices desaparecen.

A menos que vaya a ese pasado activo, lo enfrente, y se esfuerce hasta quitarlo de su vida, estará atado y encadenado.

Perdonar no es algo que se aprende. Es algo que usted hace y practica por el resto de su vida. Es parte de la vida.

Forcejeo en dos direcciones

Un corazón que no perdona, lleno de hostilidad y sufrimiento desintegra el ego. Podrá vivir con un ego desintegrado, pero su actuación será el de un neurótico. El resultado será una tensión constante en su vida.

Su sistema de valores, lo que quiere y lo que debe hacer tira de usted en una dirección. La fuerza opositora, la amonestación de que hay algo inconcluso o una situación sin resolver, tira de usted en otra dirección. Mientras esté en ese campo de tensión, su vida de oración será incongruente con sus sentimientos. Puede pedirle perdón a Dios, pero esa oración carece de sentido porque muy dentro de usted, no ha perdonado. Habla de amar, pero en su corazón, tiene enojo. Dice: «Dios, permíteme servir a mi prójimo», pero en su corazón está cometiendo homicidio contra él.

Jesús dijo: *Cualquiera que diga Raca a su hermano, será culpable ante el concilio; y cualquiera que le diga, Fatuo, quedará expuesto al infierno de fuego* (Mateo 5.22). *Raca* es una palabra aramea que quiere decir «tonto» o «estúpido».

A veces no nos atrevemos a usar palabras tales como «tonto», «estúpido» o «loco» porque queremos ser civilizados y cristianos. No podemos usarlas a viva voz pero emocionalmente decimos lo mismo en nuestro corazón: «Estúpido, te odio». Los cristianos no dicen estas palabras con sus labios, pero emocionalmente las pronuncian de todas maneras.

Emocionalmente, usted usa el mismo vocabulario hostil y airado que el que desintegra el «ego». Su vida de oración, su vida cristiana y su relación con Dios es incongruente con la manera en que se siente. Eso hace que esté espiritualmente dividido y con sus sentimientos en conflicto.

Soldados heridos

La iglesia habla de perdón y predica sermones sobre el tema, pero a menudo no «practicamos lo que predicamos».

Cuando llega el momento de perdonar a alguien que ha caído, especialmente si es de los nuestros, los cristianos fallamos miserablemente.

La iglesia es el único ejército en el mundo que, cuando uno de sus soldados resulta herido y cae sangrando a tierra, el resto de los soldados se agrupan alrededor y empiezan a golpearlo hasta matarlo. En el momento en que el herido más necesita amor, comprensión y perdón, recibe críticas y juicio de sus hermanos y hermanas en el Señor. Y cualquiera que trata de seguir el ejemplo de Jesús y proteger a ese «inútil» se expone también a la crítica. Pero ese es el precio que tenemos que pagar si realmente queremos sanar la iglesia.

Jesús dijo que tendríamos persecución en este mundo, pero también dijo: *Bienaventurados seréis cuando los hombres os aborrezcan, y cuando os aparten de sí, y os vituperen, y desechen vuestro nombre, como malo por causa del Hijo del Hombre* (Lucas 6.22).

Dios no nos ha mandado a golpear a los que caen, sino a darles una mano y ayudarles a levantarse. No está bien que caiga, pero no tiene por qué quedarse allí. ¡Levántese y siga adelante!

El apóstol Pablo escribió: *Así que, los que somos fuertes debemos soportar las flaquezas de los débiles, y no agradarnos a nosotros mismos* (Romanos 15.1). El Señor no nos ha mandado a juzgar a nadie. Nos ha mandado ayudar al herido, sanar al enfermo y a abrir las puertas de las prisiones.

Dios estará con usted hasta que termine el trabajo que le ha ordenado. Sea valiente, sea humilde y será sano.

Mensajes contradictorios

Cuando nuestros seis hijos eran pequeños, el domingo por la mañana era casi siempre un tiempo de turbulencia en el hogar con todo el mundo corriendo para estar listo para la Escuela Dominical. Uno de esos domingos, me estaba vistiendo y pensando en el sermón que iba a predicar respecto a amar al prójimo.

Dos de mis hijos todavía no se habían puesto los zapatos y trataban de llevar mi paciencia al límite. Enojado e impaciente, empujé a uno de ellos con brusquedad y le grité: «¿Hasta cuándo vas a esperar para ponerte esos zapatos?»

La angustia que vi en el rostro de mi hijo me trajo de inmediato bajo convicción del Espíritu Santo. Así que me eché sobre mis rodillas, el único lugar seguro que podía encontrar y clamé al Señor: «Oh Dios, aquí estoy de nuevo, con este genio. Por favor, perdóname».

Dios habló claramente a mi corazón. «No me pidas perdón a mí. Anda primero a ver a tu hijo».

Fui a su cuarto y toqué la puerta. Abrió con una carita de miedo, temeroso de que le llegaría otra andanada u otro empujón.

—Hijo, quiero disculparme contigo —le dije—. Te fallé como padre y como hombre. No fui capaz de dar el ejemplo correcto. También te fallé como pastor y como cristiano. No fui el ejemplo para ti que debí haber sido. Por favor, perdóname.

Mi precioso hijo comprendió, me echó sus bracitos al cuello y me dijo:

—Tú eres mi papito. No tienes por qué pedirme perdón.

—Sí, hijo —respondí—. No tengo derecho de ser brusco o irrespetuoso contigo. No debería dar la impresión de que no te quiero. Así que, perdóname.

—Oh, papá, tú sabes que te perdono. Estabas en lo correcto. Yo no me comporté bien.

—¿Te importaría si le cuento a la congregación lo que hice? La iglesia tiene el derecho de saber que su Pastor también es humano —le dije.

Mi hijo se sorprendió.

—No, papá. Un momento. No tienes que contarle a la gente lo que acaba de ocurrir aquí.

—Hijo, tengo que decírselo.

Necesitaba contárselo a la congregación y proteger a mi hijo de recibir un doble mensaje acerca de su padre. Por un lado, iba a predicar acerca del amor; por el otro, me comporté como una persona que no entiende el significado de la palabra amor. Quería que mi hijo recibiera un solo mensaje respecto a mí para evitar confusión en su joven vida.

Cuando usted está en un campo de tensión, comunica dos mensajes diferentes a sus hijos. Por un lado, comunica hostilidad; por el otro, comunica amor. El pobre niño está tan confundido que no sabe qué pensar.

Por una parte, papá es diácono, anciano, líder o pastor en la iglesia. Si es un líder cristiano, cada domingo por la mañana llega a la iglesia con su halo bien puesto. Pero ese mismo halo se le cae cuando regresa con su familia a la casa. Ahora es otra persona. Rechaza a su hijo, haciendo que el niño se sienta confundido por los mensajes contradictorios que recibe y ve.

Un hermano me contaba cómo se percató, durante un seminario de Teoterapia, de la facilidad con que abrazaba a sus hermanos en la iglesia, y la tremenda dificultad que tenía de hacer lo mismo con su hijo. Dos mensajes: las dos caras de papá.

Todos mis hijos aman al Señor. Creo que es resultado de la apertura de mi esposa y mía hacia ellos. No tratamos de ocultarles nuestro verdadero yo. Al ser transparentes y espontáneos en cuanto a confesarles nuestras faltas, ellos han podido amarnos y aceptarnos tal como somos. Eso, a su vez, hace posible que se acepten con sus propias faltas y vean a Dios como un Padre amoroso y perdonador.

El antídoto de Dios para las heridas

Dios tiene un antídoto para el miedo y la hostilidad que yace tras la desintegración del ego, es el perdón.

No me refiero a esa clase superficial de perdón que dice: «Oh, sí, no hay problema, me causaste daño, te perdono», y ahí termina todo. Cuando el perdón se hace livianamente, no se toma con seriedad la causa del daño.

Hablo de ese perdón que cuesta, que hiere, que duele. Hay que luchar contra él. Cuando se toman en serio los pecados, las angustias y las heridas; cuando se toma en serio lo que Jesús hizo por nosotros en la cruz, entonces es posible perdonar seriamente.

Muchos vienen a mí y me dicen: «Oh, perdoné esto y lo otro. Ya traté con el perdón», cuando ni siquiera han comenzado. Parecen no tener ni la más vaga idea de lo que significa perdonar.

El perdón es el antídoto de Dios para derrotar cualquier daño o dolor que se nos haya causado. Es el único remedio efectivo para enfrentar a las personas que nos hieren; a aquellos que han dejado cicatrices en su vida, a aquellos que debiendo haberle amado, no lo hicieron, a aquellos que le rechazaron.

A veces el sentimiento de no perdonar está tan arraigado en nosotros que no sabemos a quién ni por qué tenemos que perdonar.

Por ejemplo, un estudiante de la Universidad de Puerto Rico dijo: «Hay dos cosas que me preocupan. Comienzo un curso en la universidad con notas de «A», pero a medida que el tiempo pasa y nos acercamos al final del semestre, mis notas empiezan a descender hasta llegar a «F». Me he retirado de las clases varias veces debido a esta situación. Lo mismo me ocurre con las muchachas con las que trato de establecer una relación. Al principio, me gustan, pero pronto parecen perder todo interés en mí».

De inmediato supuse que en su vida había conflictos ocultos que nunca había enfrentado. Al investigar sus antecedentes, me contó de un incidente que le ocurrió cuando tenía unos diez años. Estaba ayudando a su padre, que era carpintero, en la construcción de una casa. Su padre estaba en la parte alta y le gritó: «Hijo, pásame el formón para madera».

El niño le llevó uno para metal. El padre reaccionó violentamente, gritándole: «Estúpido, bueno para nada, nunca harás nada bien. Vete de aquí y no vuelvas a intentar ayudarme».

El padre no fue más estúpido al gritarle a su hijo que lo que fui yo cuando le grité al mío por tardarse para ir a la iglesia. Sin embargo, la diferencia es que el Espíritu Santo me mostró mi error y me permitió restablecer la relación con mi hijo.

El joven estudiante universitario aparentemente había olvidado el daño causado por su padre, pero cuando creció y fue a la universidad, el problema salió a la superficie. Aunque era un muchacho inteligente y bien parecido, no podía conservar una noviecita y su aprovechamiento académico era fluctuante.

Mantuve la conversación girando en torno a su apariencia, que era de mal gusto y descuidada.

—Por alguna razón, no me gusta bañarme, lavarme los dientes ni peinarme como debiera —me dijo.

Usted se aceptará como debe cuando se vea desde la perspectiva de Dios.

—Es interesante —señalé—. ¿Qué me puedes decir en cuanto a estudiar para los exámenes?

—Bueno, la verdad es que no estudio mucho. Me dedico a ver televisión, a dar vueltas por ahí o a ir al cine.

En su inconsciente, este joven estaba convencido que no calificaba para tener una hermosa novia u obtener buenas notas en la universidad. Después de todo, ¿no había sido su propio padre quien le había dicho que era un estúpido, un bueno para nada? Intencionalmente el muchacho creaba situaciones para que las muchachas perdieran interés en él. Lo mismo hacía en sus estudios, creando deliberadamente el escenario para su fracaso.

Mientras lo aconsejaba, advirtió que tenía que enfrentar a su padre, que por cierto había muerto. En varias ocasiones volvimos a ese lugar, a ese pasado activo, donde había tenido lugar el incidente de la herramienta. Le dije:

—Está bien. Yo soy tu padre. Supongamos que me encuentro en la parte alta de la casa que él estaba construyendo.

Luego, fingiendo el papel de su padre, le dije:

—Eres un estúpido, un bueno para nada, nunca harás nada bien.

Luego le dije:

—Dime: «Espere un momento, papá. Usted está equivocado. No soy ningún estúpido. Haré las cosas bien. Cometí un error. Tengo derecho a equivocarme. Bájese y busque la herramienta usted mismo, si quiere».

El joven hizo lo que le dije. Siempre fingiendo el papel de su padre, hice como que buscaba la herramienta, tal como me lo dijo.

De pronto, todos los sentimientos de incapacidad y fracaso ocultos en aquel joven por años, salieron a la superficie. Trabajé con él hasta que pudo verse desde la perspectiva de Cristo Jesús y entender los tremendos valores que tenía como hijo de Dios.

—Puedes abandonar tus estudios si quieres, pero Jesús te va a seguir amando igual —le aseguré—. Y todas las muchachas pueden irse, pero en lo que respecta a Dios, tú eres especial.

Su autoestima comenzó a mejorar. Tres meses más tarde volvió y me dijo:

—Vengo a contarle que aprobé todos mis exámenes —y con una sonrisa, añadió—: y tengo la más hermosa de las novias.

—¿Crees que podrás mantener las cosas así? —le pregunté.

—Sí —me respondió—, porque descubrí que yo era el único que me estaba saboteando. Yo mismo mantuve a Dios alejado de mí.

Puede empezar a aceptarse como debe cuando empiece a verse desde la perspectiva de Dios. Un ego reintegrado trabaja.

Hasta la raíz del pecado

El principal motivo de la venida del Señor Jesucristo no fue para que usted dejara de fumar o de beber o de robar. Eso es importante, pero Él no está tan preocupado por sus pecados como por su PECADO.

Una dama me detuvo después del culto y me dijo: «Usted habla demasiado del pecado. No me gusta oír esa palabra. Es muy desagradable».

Antes de llegar a la iglesia, estuvo involucrada con un grupo que enseña que el pecado no existe. Un grupo que no había logrado entender que tenemos la cura para el pecado, que es la sangre de nuestro Señor Jesucristo. Esta preciosa sangre del Hijo de Dios puede tomar todos nuestros pecados y eliminarlos como si nunca hubiesen existido. Luego Dios nos mirará y dirá: «No veo pecado alguno en ti».

Satanás, el acusador, discutirá con Dios:

—Pero mira lo que hizo. Mira cómo ha fracasado. Anoche mismo, no fue a la iglesia.

Dios moverá la cabeza y dirá:

Jesús quiere cambiar el corazón, no los pequeños hábitos.

—Satanás, no veo nada de lo que me dices. Esa persona es perfecta.

¿Se imagina que como cristianos somos un grupo de personas perfectas? Todo el que acepta a Jesucristo como su Salvador y Señor es perfecto. En lo que respecta a nuestro Padre Celestial somos perfectos.

He aquí el Cordero de Dios, que quita el pecado del mundo (Juan 1.29). En último caso, pecado no es lo que usted hace, sino lo que usted es.

Jesús quiere llegar a la *raíz* de su pecado. Según Jeremías 17.9, la raíz de su pecado está en su corazón: *Engañoso es el corazón más que todas las cosas, y perverso; ¿quién lo conocerá?*

Jesús quiere cambiar el corazón, no los pequeños hábitos. Demasiada gente se preocupa por los hábitos y los síntomas: si el pelo tiene un corte correcto, si la falda es una pulgada más corta, en lugar de estar preocupada por la raíz, que es el pecado.

Al doctor no le interesa su temperatura en sí misma. Él no está interesado en su dolor de cabeza. No, él quiere conocer la causa de ese dolor de cabeza o de esa temperatura.

De la misma manera, a la Teoterapia no le preocupa mucho que usted esté deprimido. Queremos conocer qué está *causando* esa depresión y luego eliminarla de raíz. Hebreos 12.15 habla de una raíz de amargura; no de amargura, sino de la *raíz* de la amargura.

La Teoterapia va a la raíz de esa herida, la toca y luego aplica el perdón sanador de Cristo Jesús. El perdón es el antídoto de Dios para el odio. Si tomamos seriamente ese perdón, entonces seremos perdonados; podremos perdonar a los demás y podremos perdonarnos a nosotros mismos.

El perdón a sí mismo

El perdón siempre es tridimensional. Usted no solo recibe perdón de Dios; perdona a su hermano, y se perdona a sí mismo. Si ponemos esto en términos de la Regla de Oro: ama a Dios, ama a tu hermano y ámate a ti mismo.

El perdón sigue siempre este orden: Dios, mi hermano, yo. Yo tengo que perdonarme. Si tomo en serio lo que Dios ha hecho, me estoy perdonando a mí mismo.

Muchos cristianos, sin darse cuenta, usan la oración como un reforzador negativo de conflictos particularmente de la culpa. Pedir constantemente a Dios que le perdone, sin aceptar ese perdón, solo fortalece y refuerza ese sentimiento de culpa; por lo tanto, nunca logrará superar esa situación. Y como consecuencia, siempre estará a la defensiva, sufriendo y haciendo sufrir a los demás. A menudo algunos recurren a las drogas, al alcohol o a cualquier cosa que les cause daño, sintiendo que de alguna manera tienen que infligirse auto-castigo.

Cuando una persona toma en serio el perdón de Dios, no tendrá que estar siempre pidiendo perdón. Si mi hijo me pide cinco dólares y los tengo, no tendrá que estar pidiéndomelos a cada rato. Lo hará una vez y ya está. Una vez que me hace su petición, su gestión habrá terminado. Será ahora mi responsabilidad atender a su necesidad de cinco dólares.

En el momento en que usted le dice al Padre su solicitud, es responsabilidad de Él satisfacer su necesidad, a menos que no haya aprendido a tomar al Padre con seriedad. La Biblia dice: *Sean conocidas vuestras peticiones delante de Dios* (Filipenses 4.6). Si necesita perdón, pídaselo a Él, reciba el perdón que Él le da y olvide el pecado que le hizo pedir perdón. Dios lo olvidó. Siga con su vida.

Una vez que el perdón llega, y aquellos continuos sentimientos de culpa, ansiedad y temor se eliminan, el ego comienza a integrarse. Un ego reintegrado considera seriamente la oración y puede tomar a Dios con toda seriedad. Ese es el cristiano que comienza ahora a crecer en madurez espiritual.

Yo olvidé mi propia culpa, cada pecado y cada acción que cometí. Estoy limpio, soy un pecador perdonado. Por eso el gozo fluye de mi corazón. Siento el gozo de mi Señor; siento todo el tiempo la felicidad perfecta. Aunque tengo dolor de espalda o no me siento bien, sigo siendo feliz. Considero la cruz, lo que ella significa y he tomado seriamente el pecado que cometí.

Usted es perdonado por Dios. Debe perdonarse a sí mismo. Al hacerlo, podrá andar sin ningún sentimiento de culpa. Lo que sea que haya hecho, dicho, sentido o pensado, está bajo la sangre de Jesucristo, y no le molestará más.

Decídase a perdonar

Quizás diga: «Estoy dispuesto a perdonar, pero exactamente ¿cuál es la forma de hacerlo?» Ya dijimos que el ingrediente básico para el perdón es tomar la ofensa con seriedad.

Una herida, una ofensa que usted lleve no solo lo mantendrá atado a usted, sino que igual cosa ocurrirá con la persona a quien no quiere perdonar. Por eso es tan importante que sea sincero en su perdón.

Una joven me dijo cierta vez:

—Tengo la peor madrastra del mundo. ¿Qué puedo hacer?

—Sencillo —le respondí—. ¿Cuál es su pastel favorito?

—Le encanta el pastel de cerezas que yo hago.

—Me gustaría que hicieras dos pasteles de cerezas y que le des uno a tu madrastra —le dije.

Ella me miró sin comprender:

—¿Me está diciendo que haga uno especialmente para ella? ¡No cumple años!

—Está bien —respondí—. Dáselo de todos modos.

—¿Y qué voy a hacer con el otro pastel?

—Me lo traes a mí. Después de todo, de alguna manera tienes que pagarme.

Así que horneó los dos pasteles, le dio uno a su madrastra y el otro a mí. Por supuesto, su madrastra no dejó de sorprenderse.

—No es mi cumpleaños ni el Día de las Madres. ¿Por qué horneaste esto para mí?

—Porque es tu pastel favorito.

Eso fue todo lo que necesitó. La madrastra le dijo:

—Oh, querida, he sido tan desconsiderada contigo...

Comenzó a hablar y a disculparse. Sin darse cuenta, liberó a su hijastra del concepto negativo que tenía de ella. Luego puso sus brazos alrededor de la muchacha y la abrazó. Eso es lo que el amor y el perdón hacen.

El amor no es una emoción. Es algo que debe obedecerse.

Así mismo, el perdón no es algo que usted hace cuando siente que debe hacerlo. Es algo que decide hacer. Lo hace. Está dentro del reino de su voluntad.

Dios no espera que perdone solo cuando siente deseos de perdonar. Él espera que tome una decisión y la cumpla.

Dinámica sanadora

1. Escriba: Madre *(padre o cualquier otro adulto importante)*, te perdono *(escriba la razón por la que perdona a esa persona; explíquelo aunque necesite diez hojas de papel)* por lo que me hiciste *(explique lo que le hizo, la forma en que le afectó, el daño a su autoestima, etc.; no divague)*. Pero ahora, en el poderoso nombre del Señor Jesucristo, *te perdono*.

Es posible que esa persona ya esté muerta; no importa. Lo importante es que saque esa herida de su pasado activo y perdone a la persona que le hizo daño.

2. A fin de cuentas, todo enojo está dirigido a Dios. David dice en el Salmo 51.4: *Contra ti, contra ti solo he pecado, y he hecho lo malo delante de tus ojos.*

Por lo tanto, si su enojo es contra Dios, escríbalo. Es difícil expresarlo porque los cristianos especialmente, se sienten muy culpables si dicen: «Señor, estoy enojado contigo».

Permítame asegurarle una cosa. Dios no se pone nervioso cuando se enoja con Él, le entiende. Solo dígaselo. Él ya le perdonó. Véase Isaías 1.18.

3. Ejecute su perdón llevándolo a la práctica.

Sus patrones de conducta en el pasado le hacían actuar a la defensiva. Ya no necesita seguir actuando así. Si ha perdonado a alguien, exprésele amor a esa persona. Busque una forma de mostrarle que la ama. Sea auténtico y Dios hará el resto.

13

HABLAR, OÍR, ESCUCHAR

Dios, habiendo hablado muchas veces y de muchas maneras en otro tiempo a los padres por los profetas, en estos postreros días nos ha hablado por el Hijo, a quien constituyó heredero de todo, y por quien asimismo hizo el universo (Hebreos 1.1-2).

A través de toda la *Biblia*, Dios dice: «Quiero hablar contigo». En el Antiguo Testamento, se lee una vez tras otra: «Y el Señor dijo».

Dios está interesado en mantener una comunicación interpersonal con nosotros. En estos últimos tiempos, el Espíritu Santo está haciendo lo mismo mediante la Iglesia del Señor Jesucristo. El énfasis de Dios es: «Quiero hablar, no solo *a* mi pueblo, sino *con* mi pueblo. Quiero que mi pueblo hable conmigo y que me deje hablar con él».

Conozco a un distinguido ministro que no ora a menos que escriba cada palabra que va a incluir en su oración. Teme que su oración no sea perfecta. Aunque la erudición es comendable, siempre y cuando esté bajo el Señor, Dios no está interesado en la opinión del hombre. Aunque el hombre insista en hablar sus propias palabras en lugar de dejar que el Espíritu Santo se exprese por medio de él, lo hará en su propia carne.

A menudo, nuestras iglesias carecen de verdadera comunicación. Pronuncian palabras, las personas se sientan en los bancos y mira al pastor. Todos los signos exteriores de aparente comunicación están presentes, pero no hay un auténtico intercambio verbal.

Una de las maneras menos efectivas para establecer una apropiada comunicación, la constituyen las palabras. El lenguaje hablado es a menudo extremadamente inefectivo como un medio de comunicación, debido a que las palabras generalmente se dicen a nivel intelectual y casi nunca expresan sentimientos a nivel emocional.

Usted puede decirle a un niño: «Te amo», pero él puede sentirse rechazado por la forma en que lo expresó. Le puede regalar una bicicleta a un niño y acompañar su aparente acto de amor con palabras cariñosas, pero ese niño —a pesar de todo— puede sentirse rechazado por la manera en que se dirigió a él cuando le hizo el regalo.

En el proceso de crecer y madurar emocional y espiritualmente, necesitamos pedir ayuda para lograr una comunicación apropiada. La comunicación efectiva requiere tres ingredientes: un mensaje a comunicar, un oyente que reciba el mensaje y alguien que comunique el mensaje.

Cada vez que la comunicación se interrumpe, se dañan las relaciones, ya sea entre esposo y esposa, entre padres e hijos o, entre amigos. El resultado es dañino. Una de las causas más comunes de una salud mental y emocional pobre, es la falta de comunicación. Restablecerla de modo apropiado es determinante para restaurar la salud emocional.

A veces, un hombre me dice: «No le puedo decir a mi esposa ciertas cosas porque reacciona violentamente».

Cuando analizamos las verdaderas razones de su preocupación, descubro que en el noventa y nueve por ciento de los casos, su problema tiene que ver con la relación que tuvo con su propia madre.

Después de pasar algunas horas juntos, el hombre está en condiciones de ir a su esposa y decirle: «Ahora, permíteme decirte...»

Una vez que las líneas correctas de comunicación se establecen entre el esposo y su esposa, es posible resolver los conflictos con más facilidad y el enojo se diluye más rápidamente.

El ángulo de distorsión

A veces lo que una persona dice y lo que la otra escucha son cosas completamente diferentes. ¿Por qué? Porque hay un área de error llamada el ángulo de distorsión. Usted dice una cosa, pero su audiencia escucha otra.

Tiene que ser cuidadoso en cómo habla y las palabras que usa, para que los demás entiendan lo que realmente dijo. Un pastor puede predicar un sermón y lograr resultados opuestos a los que esperaba debido a la forma en que la congregación entendió sus palabras.

La comunicación verbal es muchas veces una de las peores formas de comunicación. La distorsión puede ocurrir debido a que el mensaje necesitaba clarificación: «Nos vemos en el centro». ¿Pero en qué lugar del centro?

Este ángulo de distorsión ocurre frecuentemente entre padres e hijos.

Eduqué a mis hijos para que me preguntaran: «¿Qué quieres decir?» cuando tenían alguna duda sobre lo que les había dicho. Aun ahora, cuando converso con ellos, ya adultos, a veces me preguntan: «¿Qué quisiste decir con aquello de que...?» Y les explico.

Puede ser un tremendo error, con serias y confusas consecuencias, suponer que la otra persona le entendió. Desafortunadamente, con mucha frecuencia nos ocurre a todos.

Lo que usted dice depende de cómo se sienta. Si no se siente bien, se refleja en lo que habla. Un día le puede decir a un amigo «hola» y puede parecer alegre, pero al siguiente día ese «hola» puede hacer que su amigo se pregunte qué le está pasando. Lo que usted siente determina lo que dice, y eso es lo que la gente oye. Ellos no escuchan sus palabras. Escuchan sus «sentimientos».

Por eso es que los padres se quejan: «Les hablo a mis hijos, pero pareciera que no sirve de nada». Ellos hablan con palabras pero no expresan sus sentimientos. Las palabras son para el intelecto, pero usted no comunica sentimientos mediante el intelecto sino a través del corazón. Esa es la clave del asunto.

La comunicación apropiada es importante porque afecta el mensaje, al que lo oye e incluso al que lo da. Este ángulo de distorsión puede hacer que toda una familia y a veces, toda una iglesia caiga en un torbellino de malas interpretaciones e incomprensiones.

Permítame darle un ejemplo. Junior llega a casa y se acerca a su padre: «Papá, necesito cinco dólares».

Eso es lo que él dice, pero es suficiente para activar el malestar en su padre, que oyó la noche anterior que el hijo de un amigo estaba usando drogas. Se dice: *Ah, mi hijo quiere cinco dólares. Me pregunto para qué los querrá.*

El ángulo de distorsión no permitió al padre oír el verdadero mensaje. Tampoco Junior se comunicó con claridad.

El padre, en lugar de decir: «Hijo, ¿para qué necesitas cinco dólares?» y esperar la respuesta, se pone a la defensiva y gruñendo responde: «Cuando yo tenía tu edad, nunca necesité cinco dólares».

Eso irrita al niño, que está procurando comportarse como un hombrecito, mientras su padre lo sigue tratando como un niño.

Si el padre le hubiera preguntado al hijo para qué necesitaba el dinero, el muchacho quizás habría respondido: «Para tenerlo cuando esté con mis amigos».

De nuevo surge la comunicación pobre porque el ángulo de distorsión le diría al padre: «Va a estar con sus amigos. Quizás le van a vender marihuana».

Este patrón de pensamiento sospechoso puede seguir hasta que el padre diga: «No te voy a dar los cinco dólares que me pides».

Entonces el hijo, furioso y en rebeldía, saldrá de la casa mientras que su padre, perplejo reflexiona acerca de las actitudes de los jóvenes.

Si el padre no tenía los cinco dólares para dárselos, pudo haber establecido un diálogo con su hijo. «Sé que quieres tenerlos para cuando estés con tus amigos, pero hijo, no tengo en este momento cinco dólares. Lo siento. Te puedo asegurar que el próximo sábado te los daré».

En tal situación, el nivel de tolerancia del niño a la frustración aumentará y, tanto padre como hijo, madurarán. Se establece la comunicación, y, como resultado, la salud emocional de la familia mejora.

Escuchar sin oír

Debido al ángulo de distorsión, la gente cree que ha oído, pero realmente no lo ha hecho.

Jesús lo dijo muy bien: *¿Teniendo oídos no oís?* (Marcos 8.18). Los fariseos oyeron a Jesús pero nunca prestaron atención a lo que Él les decía.

Inconscientemente, usted puede hacer lo mismo. Se bloquea para no oír, filtrando lo que llega a sus oídos. Oye lo que quiere oír y no lo que debería oír.

En la comunicación entre miembros de una familia cada persona dice lo que quiere decir y oye lo que quiere oír. Discuten algo durante una hora, y no se ha dicho ni oído nada, solo ruidos. Como el «idiota» de Shakespeare «que dice muchas palabras, pero no dice nada». Todo lo que oyen son simples palabras como «címbalo que retiñe», sin sentido alguno.

A veces usted dice una cosa y se le interpreta completamente al revés.

Un hijo dice: «Papá, quisiera usar el auto esta noche», y este interpreta aquello como: «Definitivamente este muchacho no me quiere. Todo lo que le interesa de mí es que le preste el auto». De inmediato surge una reacción negativa, cuando en realidad lo que el muchacho está tratando de decir es: «Papá tengo la suficiente confianza en ti como para que cuando necesito algo, venga a decírtelo».

Un joven puede decirle a su madre: «Mamá, en el verano quiero irme a vivir a mi propio departamento». Lo que en realidad le está diciendo es: «Mamá, me siento seguro. Creo que ya soy suficientemente grande. Creo que puedo hacerlo. Me gustaría intentarlo, me gustaría averiguar si soy un hombre».

La mamá interpreta que el muchacho no aprecia los sacrificios que ella hace por él o incluso piense: «Mi bebecito ha crecido, pero no quiero que abandone el hogar».

Palabras que hieren

Las personas tienen formas de decir cosas que dañan a otros. Las palabras pueden llegar a ser dardos que hieren.

La esposa de un pastor puede decir de él: «¡Es muy fácil decirlo desde el púlpito!» Esta sola frase puede producir en su esposo resentimiento y dolor. Un padre regresa de un recargado seminario fuera de la ciudad y un miembro de la familia le punza: «Qué lindo es tener unas vacaciones».

O después de un día duro en la oficina, pasa una hora manejando de regreso a casa en medio de un tráfico pesado y cuando entra a la cocina, su esposa le lanza su queja: «Nadie me ayuda a sacar la basura». Lo que ella realmente está diciendo es: «¿Por qué no te encargas de sacarla?»

Pequeños dardos. Pequeñas heridas. Cuando comunicamos sentimientos negativos, creamos un ambiente de hostilidad a nuestro alrededor.

Suponga que un esposo dice: «¿Por qué no lo dices directamente».

«Está bien», le dice ella, «nunca te preocupas de sacar la basura».

«Eso es todo lo que necesitas decir. La sacaré en un minuto».

Sencillo. Él desactivó el daño. Una vez que uno tiene paz, la otra persona tiene que desactivar su propio coraje. Ambas partes tienen que trabajar en esto.

Las palabras que una persona dice —y que usted permite que le enojen— le afectan a usted y a nadie más. Si las desactiva, ya no se enojará más.

Si esa persona está enojada por algo que usted dijo o hizo, esa persona tendrá que desactivar su enojo. La desactivación anula el daño. Confesarlo es echarlo afuera, efectivamente.

Si es cierto que el hombre es la cabeza del hogar, tenemos que reconocer que la mujer es el corazón.

Nada afecta más la salud emocional de la familia que el genio de la madre. Cuando esta tiene una cara larga, le garantizo que todo la familia va a andar indispuesta ese día. Si la madre anda canturreando mientras hace las cosas de la casa, los otros miembros de la familia se sintonizarán con ella inmediatamente.

De alguna manera, la madre tiene esa tremenda habilidad de impartir sentimientos, tanto negativos como positivos, en el hogar. No tiene que abrir la boca ni decir una sola palabra para afectar el ambiente emocional del mismo. La comunicación no verbal es un recurso efectivo para traer armonía al hogar siempre que se la use bien.

Cómo decir «No»

En mi propia experiencia como predicador, me es muy difícil decir: «No, lo siento» y dejar las cosas ahí cuando alguien me pide que predique en su iglesia o hable a algún grupo.

En cambio, me siento tentado a decir: «Lo siento, pero mi agenda está llena en esa fecha», cuando en realidad no tengo ningún compromiso; sencillamente me siento cansado. Estoy más o menos bajo una compulsión de predicar la Palabra todo el tiempo, porque creo que si no lo hago, nadie lo hará. Poder decir !no¡, sin sentirse culpable es algo que todos debemos practicar.

Cuando las personas le buscan para que haga algo, ya sea para predicar o para cualquiera otra cosa, y finalmente accede en contra de su voluntad y hace lo que se le pide, termina molestándose consigo mismo y quizás con los demás. Debe aprender a decir: «Escucha, lo siento, no puedo».

¿Cómo librarse de sentirse culpable cuando dice «no»?

Primero, antes de dar una respuesta a la otra persona, clarifique la petición. En otras palabras, no diga «sí» o «no» antes de conocer los detalles de la solicitud.

Si le piden que asista a una reunión de oración, quizás pueda decir: «No he descansado lo suficiente estos últimos días. O puede decir, háblenme un poco más de esa reunión de oración». Así, estará clarificando la petición antes de responder. Al no comprometerse con una respuesta, se está dando una oportunidad de entender.

Segundo, evalúe lo razonable de la petición. Si no ha estado en un culto de oración durante toda la semana, le hará bien asistir. Es la forma en que Dios provee a los cristianos la salud física, mental y espiritual. Después de evaluar sus propias necesidades, quizás diga: «Es bastante razonable. Creo que los niños estarán haciendo sus tareas, de modo que estaré libre para asistir. Creo que puedo ir». Analice y evalúe lo razonable de la petición.

Y finalmente, si decide decir «no», solo diga: «No, gracias». No dé una docena de razones.

Este es un aspecto en el cual los padres tienen muchas dificultades con los niños pequeños y, a veces, con los adolescentes. Cuando los niños quieren algo, y la madre o el padre dicen: «No, porque...», los padres comienzan a defender su respuesta y a dar muchas razones. Eso es precisamente lo que los niños necesitan para manipular a sus padres.

Eso también ocurre en el campo de la consejería.

Por ejemplo, me encontraba trabajando con una amable y locuaz dama. Cuando llegó el momento de poner término a la sesión, le dije:

—Bueno, creo que podremos hablar de esto la próxima vez.

Ella me rogó:

—Quisiera que me diera un minuto más.

—Hay alguien más que espera para verme —la interrumpí—. Discutamos eso en la próxima sesión por favor.

—Pero es solo un minuto —insistió.

Un poco molesto, le dije:

—Si le doy un minuto más, se lo tendré que quitar a la otra persona y eso no sería justo.

Cuando Juanito dice: «Mamá, ¿puedo ir jugar al jardín?» diga: «No, porque...», dé una razón y concluya el asunto. Ofrezca solo una explicación sencilla sin disculparse por su decisión.

En su ministerio, Jesús nunca dio largas explicaciones por nada de lo que hizo. Cada vez que actuaba, lo hacía en una forma bien definida, y nunca se dejó manipular para que defendiera sus posiciones. Cada vez que los escribas y los fariseos trataron de atraparlo exigiéndole respuestas que pudieran ser incorrectas, Jesús rehusó entrar en el juego.

Uno de mis profesores en el seminario acostumbraba decirnos: «Escoge siempre tu campo de batalla. No dejes que el enemigo lo elija».

Es importante que esté tan seguro de sí mismo que pueda decir a los demás, sin entrar en disculpas: «No, gracias». No tiene que dar largas explicaciones que debiliten su decisión.

Llegar a un acuerdo

Desacuerdo puede ser una palabra poco agradable, pero es realista. En la vida hay desacuerdos. Las personas no siempre están de acuerdo.

Esposos y esposas no siempre piensan lo mismo en la rutina diaria de su vida matrimonial y eso causa fricción. El esposo puede sentir que su esposa no lo respeta o que ella no se somete a su autoridad solo porque no está de acuerdo con lo que él dice.

El hijo puede querer usar el auto de la familia una noche y mamá y papá sienten temor de que le pueda pasar algo. No creen que deban prestárselo, y la fricción invade a la familia.

El principio básico para enfrentar los desacuerdos es estar de acuerdo en disentir. Dos personas, sea la que fuere su relación, no podrán estar siempre de acuerdo en todo. Eso no significa que yo no le ame ni que usted no me ame.

También hubo desacuerdos entre los apóstoles. Pedro y Pablo lo tuvieron en cuanto al tratamiento que debía darse a los creyentes gentiles. Pablo y Bernabé, respecto en llevar a Juan Marcos en el segundo viaje misionero.

Los cristianos no siempre tienen que estar de acuerdo. Una iglesia no es saludable porque todo el mundo diga «sí». Es saludable cuando las personas comienzan a respetar los derechos de los demás a disentir y a la libertad que cada uno tiene de expresar sus propios puntos de vista.

A menudo, los padres se sienten amenazados cuando sus hijos empiezan a emitir opiniones contrarias a las de ellos. Cuando tal cosa ocurre, lo que los hijos expresan es: «Papá, mamá, estoy creciendo. Ustedes han hecho un buen trabajo enseñándome a ser un hombre y ahora [en esto y en esto otro] no estoy de acuerdo con ustedes».

Por lo general, me divertía cuando uno de mis hijos corregía mi inglés. Me decía, por ejemplo: «Pero papá, esa palabra no se pronuncia así. Debes decir...» Aquello no me molestaba porque sabía que lo que me estaban diciendo era:

«Has hecho un buen trabajo conmigo. Yo sé algo que tú no sabes, y me siento con libertad de expresar mi opinión».

Sin embargo, en algún momento, uno de ellos quería probar que ya estaba bastante grandecito, así que me lanzaba un reto: «Papá, ¿qué te parece si hacemos un poco de lucha libre?»

Cuando observaba sus impresionantes molleros me daba cuenta de que no podría competir con un joven que había estado alzando pesas. De modo que decía: «Hijo, tengo que felicitarte. Eres fuerte, y estoy seguro que no tendrías ni para empezar conmigo».

Al observar a mis hijos me gozo porque van encontrando su lugar como adultos y, poco a poco, van realizándose plenamente en la vida.

Cómo disentir

Hay ciertos principios que se deben seguir al aprender a disentir.

El primero es ser objetivo e identificar el asunto en el cual no se está de acuerdo.

¿No se ha encontrado alguna vez discutiendo tan acaloradamente que cuando alguien pregunta: qué están discutiendo?, nadie sabe por qué.

A menudo las personas no discuten para probar un punto sino para defender un sentimiento. Las personas que no están seguras de sí mismas por lo general discuten para expresar su profunda necesidad y no para ganar la discusión. Una buena regla que se debe recordar en cualquier discusión es: Alude al argumento, no a la persona.

En el momento en que deja de ser objetivo, usted incorpora sus emociones a la discusión. Y ahí es cuando surgen los conflictos.

Eso ocurre con frecuencia cuando esposos y esposas discuten. Usan el argumento como excusa para herirse mutuamente, para atacarse y para expresar sentimientos de desconfianza o de hostilidad.

En lugar de ser sinceros, dicen: «No estoy de acuerdo contigo», pero lo que en realidad están diciendo es: «¡Me tienes hasta la coronilla!»

Al crecer y madurar emocionalmente, podrá decir: «Tengo la impresión de que no es esto lo que te está molestando. Creo que me quieres decir algo más. ¿De qué se trata?» «¡Estoy harta!»

«¿Bueno, pero me podrías decir por qué estás así conmigo? Si me lo dices, podremos hacer algo para remediar las cosas, ¿no te parece?»

Esa forma de tratar la situación es siempre posible, aunque no necesariamente fácil de aplicar. ¿Por qué? Porque cuando se hieren los sentimientos, es difícil ser objetivo. Se siente como si le estuvieran dando una paliza.

Ojetividad quiere decir, identificar la razón de las diferencias. Cuando lo haga, estará eliminando la causa de la fricción que produce frustración, la que resulta en enojo, crea sentimiento de culpa, y conduce a la depresión. Este es el ciclo de la ansiedad.

El segundo principio al tratar los desacuerdos es estar dispuesto a separar las opiniones de los sentimientos.

Muchas veces cuando las parejas vienen a verme en busca de consejería no es por que tengan problemas muy serios sino que más bien están confundidos en la manera de relacionarse entre sí. No pueden comunicarse porque no separan las opiniones de los sentimientos.

¿Qué es lo que produce enojo?

El tercer principio al confrontar los desacuerdos es aceptar la responsabilidad por sus sentimientos.

La forma en que usted le dice algo a alguien es responsabilidad suya.

He aquí un incidente que el Señor usó para mostrarme mis propias fallas. Compré una plancha eléctrica en una tienda y se la llevé a mi esposa. Cuando la iba a usar, la plancha prácticamente se desarmó por completo.

Me sentí molesto con el hombre de la tienda por haberme vendido un producto defectuoso. Así que fui a verlo con la plancha y le dije:

—Me vendió una plancha que no sirve. ¿Cree que me la puede arreglar?

—Por supuesto que sí —me dijo.

Cinco minutos después volvió donde yo estaba y me dijo:

—Son diez dólares.

Mi temperamento latino salió a la superficie y reaccioné.

—¡Un momento, señor!

El hombre no me dejó seguir. Tratando de tranquilizarme, me dijo:

—¡Cálmese, cálmese, capitán!

Prácticamente le grité:

—¡No soy ningún *capitán*! ¡Soy un *predicador*!

Entonces, el Espíritu Santo intervino y me percaté de lo que había dicho.

Le supliqué al hombre:

—Señor, discúlpeme por mi rudeza. Me llevaré la plancha. Lo siento mucho. Me comporté mal. Por favor, discúlpeme.

El hombre replicó:

—No hay problema. Todo está bien. Llévese la plancha. No me debe nada. Si tiene algún problema, tráigamela de nuevo. Se la volveré a reparar.

—¡Señor, perdóneme! —le insistí.

—Usted tiene que perdonarme a mí —me replicó. Yo soy el que actuó mal.

Cuando llegué a casa, me encerré en mi cuarto, sufriendo y orando por mi conducta impropia. «Señor, acabo de dañar mi testimonio. Dejé que mis sentimientos me controlaran. Y todo por una simple plancha. Oh, Señor, debí tirarla a la basura y comprar otra».

Después de aproximadamente una hora, el Espíritu Santo manifestó su presencia, quitándome toda aquella carga de culpa. Me sentí liberado perfectamente y supe que había alcanzado la victoria. También había crecido una pulgada en espiritualidad. Pero como habrá visto, tuve que controlar mis sentimientos.

Permítame decírselo de nuevo: *Usted solo se enoja.* La gente no puede hacerle reaccionar. *Usted* es el único que se hace reaccionar.

En una ocasión, un experimentado pastor de mi iglesia se vio en medio de un tráfico pesado. Mientras los autos a su alrededor esperaban para moverse, el hombre que iba en el auto de atrás no dejaba de tocar el claxon. El pobre predicador estaba a punto de enloquecer cuando se dio cuenta que podía responder o reaccionar.

Finalmente, se bajó del auto, caminó lentamente en dirección al hombre y con toda calma, le dijo: «Señor, usted ve que no puedo moverme. Noto que está muy nervioso, de otro modo no tocaría el claxon; así es que voy a volver a mi auto y oraré por usted».

Hay ocasiones en que las personas le frustrarán, pero no importa cuánto lo hagan, *usted* es el único que se puede enojar o turbar. Lo que los demás hacen es simplemente aportar con su pequeño grano de arena para que se irrite, pero usted es el único que decide a qué punto va a reaccionar.

Recuerde, el Señor Jesucristo nunca reaccionó. Solo actuó.

Las cartas sobre la mesa

El cuarto principio para lidiar con los desacuerdos personales es no culpar a otros por su depresión.

Recuerde, las personas no son las que le deprimen; usted mismo lo hace. La depresión es un acto que *usted* genera. Con bastante frecuencia su depresión se debe a su enojo y a su culpa. Se deprime porque no ha perdonado a alguna otra persona en la forma correcta y en lugar de eso, guarda el enojo.

A veces las mujeres se deprimen a causa de la tensión premenstrual. Esta tensión es algo real y los hombres deberían darse cuenta de ello y ser comprensivos. Sin embargo, las mujeres, deben tener cuidado de no usar la tensión y la depresión como una razón para culpar a otras personas.

El quinto principio es aprender a aceptar los sentimientos de otros como algo legítimo.

En Terapia atendemos muchas personas, especialmente damas, que empiezan a llorar tan pronto se sientan. Por eso siempre tengo en mi oficina cajitas de pañuelos desechables.

Llorar puede ser el resultado de una de tres cosas: Pérdida del control, catarsis o síntoma de dolor. Siempre supongo que las lágrimas responden a un dolor. Por lo tanto, acepto los sentimientos perturbadores de una mujer como legítimos, y me digo: *Tras ese llanto hay dolor*. Sé que la causa del llanto es enojo, y este es doloroso.

Sexto, nunca suponga que entendió bien o que le han entendido bien.

Nunca abandone un argumento pensando que expresó su opinión en forma clara, que «puso todas las cartas sobre la mesa» y que, por lo tanto, todo el mundo le entendió.

Si observa que alguien se va sin entender lo que quiso decir, llámelo y dígale: «Por favor, déjame explicarte mi posición una vez más».

Por último, permita que la otra persona exprese que le entiende, aunque no esté de acuerdo con ella.

Si la otra persona se siente comprendida, controlará el desacuerdo.

Por lo general, los desacuerdos son poco gratos, pero si se siguen los principios anotados, podrán manejarse en forma adecuada y cada parte podrá seguir respetándose y respetando a los demás. La amistad quedará intacta y se evitarán los malos entendidos.

El tercer oído

Uno de los principios más importantes para enfrentar los desacuerdos es aprender a escuchar. Es más, el noventa por ciento de la sicoterapia consiste en escuchar con interés. Se han escrito cientos de libros sobre el arte de escuchar.

Nosotros, como cristianos, necesitamos adiestrarnos para ello. Debemos preguntarnos: «¿Qué es lo que esa persona está tratando de decirme?»

En mis clases de sicología, enseño a mis estudiantes del seminario a usar el «tercer oído». Con esto quiero decir escuchar más allá de las palabras para entender cuál es, realmente, el mensaje.

A veces, una esposa le dirá a su marido: «Sería lindo que comiéramos afuera». Con eso, lo que quiere decir es: «No tengo la cena lista. Tuve un día pesado. Me siento cansada».

El tercer oído del marido le dice a él: «Apúrate y llévala pronto a comer afuera antes que le dé un colapso. La pobre está tensa y cansada». Y el buen hombre oye correctamente.

O el joven que quizás le diga a su padre: «Tengo problemas con mis estudios». Lo que en realidad le está diciendo es: «Me siento frustrado porque no puedo entender un problema de álgebra», o, «No puedo entenderme con mis compañeros. Me irritan. Me siento frustrado, por lo tanto no me puedo concentrar en los estudios».

El tercer oído del padre agarra el verdadero mensaje, lo entiende y trata de ayudar a su hijo a evaluar y a lidiar con la situación.

Mirar a su hermano y nunca verlo... oírlo y no escuchar lo que dice... es construir una escalera a la desesperación. Es el sutil terreno de la alienación, quizás el más doloroso de todos los rechazos. Es como impedir el amor.

Una persona con una percepción aguda se refirió, en forma tan hermosa, a eso de escuchar con el tercer oído.

Jesús dijo: *El que tiene oídos para oír, oiga* (Mateo 13.9).

Debemos desarrollar el tercer oído. Debemos oír lo que la persona dice, sin ánimo de crítica, sin juzgar, y sin enojo.

«Sin juzgar» quiere decir «aprender a escuchar sin un espíritu crítico o de juicio». No escuche solo lo que quiere oír. Si verdaderamente escucha, no tendrá tiempo para juzgar. Juzgar, o ser juzgado, le imposibilita escuchar con efectividad. Cuando oímos con el tercer oído, realmente escuchamos lo que la persona está diciendo.

La persona que escucha no tiene tiempo para juzgar porque se pregunta continuamente: «¿Qué está diciendo tal persona? ¿Qué está tratando de comunicar? ¿Qué está comunicando el pastor? ¿Qué es lo que mi esposa me está diciendo, tras las palabras que escucho?»

Cuando estoy en casa y mi hijo menor me pregunta: «¿Tienes que salir de nuevo?», lo que mi tercer oído oye es: «Quiero estar contigo. Te necesito».

Podría decirle palabras engañosas cubiertas de un falso pietismo religioso: «Oh, hijo, tú conoces mis responsabilidades. Estoy sirviendo al Señor». Eso parece muy piadoso, pero es inefectivo.

En vez de eso, lo abrazo y le digo: «Hijo, es cierto que últimamente no he pasado mucho tiempo contigo. ¿Qué te parece si almorzamos juntos y me cuentas cómo van las cosas?» Eso le llega. Eso es oír con el tercer oído.

Cuando una amiga le llama y le dice: «¿Tomamos un café juntos?», no la maltrate, diciéndole: «¡He estado tomando café todo el día!» Escúchela. Lo que ella le está diciendo es: «Me siento algo deprimida hoy, y me gustaría charlar un poco contigo, ¿qué te parece si tomamos un café juntos?»

Si en realidad no puede, tranquilícela diciéndole algo así como: «Me gustaría conversar contigo, pero estoy ocupadísimo. ¿Qué te parece si llamo a alguien con quien puedas charlar o quizás podríamos vernos mañana?»

Eso le comunicará a ella que entiende su situación.

Es posible que ella replique: «Está bien. Nos vemos mañana». Su verdadero mensaje es: «Recibí tu estímulo y tu preocupación. Creo que podré esperar hasta mañana. Esperé dos meses para decírtelo, de modo que un día más no significará nada».

Eso es el tercer oído. Si una persona le da la mano en la iglesia y no se la suelta, pregúntele: «¿Por qué no nos sentamos y charlamos un par de minutos?»

Posiblemente se la suelte y le diga: «Claro que sí, sentémonos».

Cuando alguien se sienta al borde de la silla, su tercer oído le dirá a usted que esa persona está tensa. Algo significativo quiere contarle porque está adolorida. Aprenda a escuchar.

En *Giant Steps* [Pasos gigantes], escrito por Warren Wiersbe, hay una gran verdad en cuanto al «arte de escuchar». Él dice:

> «Hay una gran necesidad de aprender el arte de escuchar. Para muchos, escuchar y oír son sinónimos. Lejos de eso. Escuchamos cuando nos involucramos tan profundamente con la persona a quien estamos oyendo que cada cosa que dice o expresa mediante el lenguaje de su cuerpo es recibido plenamente y respondido por nosotros». Muchas personas, con la habilidad para expresarse aprobarían cualquier examen de oratoria. Sin embargo, estas fracasarían ante un examen sobre cómo escuchar. Escuchar con delicadeza es un arte que se adquiere, a menudo es una expresión de sensibilidad y es determinante para comunicar efectivamente.

Lenguaje corporal

Así como determinamos que escuchar y oír no son sinónimos, lo mismo es cierto en cuanto a mirar y ver. Las palabras pueden ser muy bonitas y al mismo tiempo ser pobres conductoras de comunicación, pero el cuerpo comunica y habla todo el tiempo.

Nuestra habilidad para escuchar a nuestro hermano mejoraría si supiéramos más sobre el lenguaje corporal.

Necesitamos entender qué hay detrás de un par de puños crispados, unos brazos cruzados sobre el pecho, la evasión de una mirada directa o el continuo temblor de las piernas.

En realidad, las acciones hablan más fuerte que las palabras. Muchas personas hablan con los puños apretados mientras silenciosamente expresan su coraje contra alguien, aún contra Dios.

En uno de los seminarios de Teoterapia, una dama estaba contando acerca de un coraje que tenía. Noté que mientras hablaba mantenía la mano en la región del corazón. Su lenguaje corporal revelaba dónde era que sentía el dolor.

Oír es sencillo y superfluo. Escuchar exige consumo de energía. Escuchar es fatigoso y difícil. Cuando usted toma en serio a una persona, la escucha. Cuando la toma con liviandad, la oye solo cuando habla.

En una ocasión, mi hija Roxie y yo nos encontrábamos en el Aeropuerto de Atlanta esperando un vuelo. Sentada frente a nosotros estaba una madre con su hijo, su nuera y su nietecito. Los observé y noté que el escote del traje de la joven era exagerado.

Sicológicamente, persibí que esa esposa le estaba enviando un mensaje a su esposo, que era tan ciego que no lo captaba. Ella le estaba diciendo: «Por favor mira dentro de mí. Quiero que te fijes en mí, no necesariamente en lo físico o sexual». Ella quería que su esposo se fijara en sus instintos maternales y en su condición de mujer. Ese era el mensaje no verbal de su escote tan pronunciado.

Cuando esta familia se levantó, la abuela se dirigió a un lado del pasillo. Casi inmediatamente el padre del niño tomó el cochecito del bebé y se fue tras su madre, bloqueando el paso para que su esposa no se acercara a la suegra. Luego le dio un abrazo de despedida a su madre mientras la esposa luchaba con el cochecito, tratando de quitarlo del camino por donde pasaba la gente. Finalmente, ella pudo acercarse a su suegra y abrazarla.

Después que la señora hubo abordado el avión, seguí observando a la pareja. Mientras se alejaban, era obvio que la esposa se sentía rechazada. Casi corría, empujando el cochecito y tratando de mantenerse al lado de su esposo. Me dolió el corazón por esa joven esposa.

Esa era una familia que oía lo que se decían, pero que no escuchaba una palabra de lo que estaban tratando de comunicarse.

Nuestra oración debería ser: *Unge mis ojos con colirio para que vea* (Apocalipsis 3.18).

Aprenda a escuchar el mensaje oculto que dice: «Estoy dolido. ¿Tendrías la amabilidad de escucharme?»

La comunicación en el matrimonio

Como un ejercicio sencillo, conteste sí o no a las siguientes preguntas:

1. ¿Cree que la compatibilidad es esencial para un matrimonio bueno, estable y sólido?

2. ¿Es el romance, tipo luna de miel, indispensable para una relación matrimonial firme?

3. ¿Es la ausencia de peleas entre el esposo y la esposa una señal saludable en el matrimonio?

4. ¿Es la sumisión un requisito para una buena relación matrimonial?

Si respondió «sí» a todas las preguntas, está equivocado. Analicemos cada pregunta.

1. ¿Cree que la compatibilidad es esencial para un matrimonio bueno, estable y sólido?

La mayoría de la gente piensa que la compatibilidad entre cónyuges en todas las áreas es esencial para una relación buena. Sin embargo, he descubierto, que la incompatibilidad, excepto en el área del compromiso espiritual, puede añadir vitalidad y enriquecer el matrimonio.

A mi esposa le gusta pintar, es una buena artista. Sin embargo, yo, hasta para hacer un círculo, necesito un vaso.

A ella le gusta ir a los museos y admirar las pinturas. Eso no tiene mucho valor para mí. No me gusta la ópera. Pero a ella le encanta. Somos incompatibles en esos aspectos, pero encuentro que puedo crecer si aprendo de ella.

La incompatibilidad no es necesariamente un impedimento en el matrimonio. Puede ser un medio para el crecimiento. Usted no tiene por qué decir: «A mi esposo le gusta eso y a mí aquello», como si se causara disgusto. Cada uno puede aprender del otro y crecer un poco.

Debo confesar que lo que he aprendido con ella de pintura ha enriquecido mi vida, y ahora disfruto esos cuadros como nunca antes.

De modo que la incompatibilidad no debería ser una fuente de conflicto en el matrimonio. Al contrario, debemos verla como una fuente de enriquecimiento.

2. ¿Es el romance, tipo luna de miel, indispensable para una relación matrimonial sólida?

Muchos creen que la relación matrimonial es insípida e inerte sin la emoción del romance. Hollywood ha inoculado en la gente un concepto irreal de la relación matrimonial. No digo que una relación amorosa y romántica no sea importante, pero el romance no debe ser la base sobre la que se sustenta el matrimonio.

> *La responsabilidad hacia su cónyuge es la base sobre la que se sustenta un matrimonio seguro.*

La responsabilidad hacia su cónyuge es la base sobre la que se sustenta un matrimonio seguro. La idea de que todo debe ser «luna de miel y rosas» es absolutamente ilusoria.

Reconozcámoslo. El aspecto y la silueta de su cónyuge cambiará con los años y ninguno de los dos va a lucir tan atractivos como cuando se casaron. Pero la Biblia dice: «*No te olvides de la esposa de tu juventud*». El esposo debe mirar a su esposa y ver lo bella que siempre ha sido, ya que no es un atributo externo sino una cualidad del alma. De igual modo, la cualidad más atractiva del hombre debería ser su carácter piadoso.

Los esposos deben entender que son responsables ante Dios y entre ambos. Yo soy responsable ante mi esposa, pese a cómo luzca ella y a nuestros acuerdos y desacuerdos.

Un día le dije a mi esposa: «Hay una cosa de la que quiero que estés bien segura: nunca te dejaré hasta que la muerte me lleve».

Ella está segura de mi responsabilidad ante nuestros votos matrimoniales. Cuando una esposa sabe que su esposo es responsable de ella porque es responsable ante Cristo, se siente segura y puede cumplir su papel de esposa y madre más efectiva y amorosamente.

La esposa es también responsable de su esposo porque es responsable ante Dios. El «romance» o «la luna de miel» no son determinantes en la relación matrimonial.

Por ejemplo, note que cuando un niño va a la escuela, las primeras semanas son maravillosas, todo es diversión y juegos. Está a gusto con sus compañeritos y con su maestra. Tres semanas más tarde, cuando la rutina diaria y las agotadoras tareas transforman la diversión en trabajo, su emoción disminuye y se impone la realidad. No es que no quiera estudiar, pero la novedad y lo entretenido quedan atrás.

Lo mismo ocurre en un nuevo trabajo. Los tres primeros meses son una «luna de miel». Todos le expresan su aprecio y quieren estar con usted a la hora del café. Seis meses después se empiezan a desarrollar tensiones entre usted y sus compañeros y ya no ama el trabajo como al principio. Pero usted es responsable. Cumple con su labor y lo conserva aunque la «luna de miel» se acabe.

El romance es hermoso y, a veces, necesario, pero el matrimonio en sí no depende de eso, sino, como la mayoría de las cosas en la vida, de la responsabilidad de cada uno de los cónyuges.

3. ¿Es la ausencia de peleas entre el esposo y la esposa una señal saludable en el matrimonio?

Para algunos, discutir es una señal de peligro en el matrimonio. No estoy de acuerdo. Discutir entre esposos es normal y no se le debería temer. Sin embargo hay, algunos cónyuges que no tienen desacuerdos, pero son la excepción que confirman la regla.

Cuando dos personalidades se unen, habrá diferencias de opinión y de sentimientos. Pero no hay por qué sentirse temeroso o amenazado por esas diferencias. La estabilidad de un matrimonio no tiene que ser amenazada por las discusiones.

Estas discusiones pueden ocurrir entre los padres, los hijos, y entre padres e hijos. A menudo eso es saludable para la familia porque hace aflorar sentimientos que pueden analizarse con más cuidado. Como he dicho repetidas veces, hay que confrontar los conflictos, angustias y heridas.

4. ¿Es la sumisión un requisito para una buena relación matrimonial?

Hay opiniones conflictivas respecto a lo que significa someterse. Durante años, el énfasis ha sido que las esposas se sujeten a sus esposos. Pero el enfoque debería realmente estar en la diferencia entre ejercer autoridad y poder.

Jesús ejerció autoridad porque Él mismo se sujetó a ella.

Esposas, sus hijos solo se someterán a ustedes si ustedes se sujetan a sus maridos. Maridos, para que puedan ejercer autoridad en su hogar, deben someterse a la autoridad de Cristo.

Un abatido hombre de unos cuarenta años se sentó en mi oficina, diciéndome que estaba pensando seriamente en divorciarse.

—Hábleme de eso —le dije.

—Tengo dos hijos. El mayor tiene trece años. Me están dando muchos problemas porque no se quieren someter a mi autoridad. ¿No dice la Biblia que deben sujetárseme?

—Usted es la cabeza de su hogar —le confirmé—. Ellos deberían someterse a usted. Pero permítame hacerle una pregunta. ¿Se ha sometido usted en su hogar al señorío de Cristo? La Palabra dice que usted es el sacerdote de ese hogar. ¿Lo es? ¿Ven su esposa y sus hijos a su padre arrodillado orando, leyendo la Biblia, tomando la iniciativa para ir a la iglesia y dando el diezmo de lo que el Señor le da? ¿Ven ellos todas estas cosas? ¿O lo ven haciendo declaraciones de impuestos fraudulentas? ¿Lo ven siempre dispuesto a trabajar? ¿Trabaja usted como si lo hiciera para el Señor? Si no, entonces no se queje, porque hay una gran diferencia entre autoridad y poder.

Hitler tuvo poder. Usted también lo tiene hasta donde lo pueda controlar, pero eso no es tener autoridad. Esta solo la tienen quienes son humildes y se someten a la autoridad superior. Si quieren autoridad, sométanse unos a otros como dice la Biblia.

El hombre que puede someterse a un argumento o sugerencia razonable de su esposa demuestra que está seguro en su posición como jefe de la familia.

En el ejército, el oficial inteligente se someterá a un sargento responsable si este tiene una buena idea. En la casa eso no es menos cierto. Cuando su hijo o su hija le da una idea y le dice: «Hijo, o hija, es una excelente idea; la pondré en práctica», está ayudándole a madurar.

Algunas personas sienten tan amenazada su seguridad interna que no pueden reconocer que otros tengan una idea mejor. Usted puede equivocarse aunque sea la cabeza del hogar. No tema reconocerlo.

Cuando cometa un error, puede hacer algo que lo ayudará en su autoridad como padre. Busque a su hijo y dígale: «Hijo, me equivoqué, ¿quieres orar por mí? He ofendido a tu mamá. He ofendido al Padre celestial. Te ofendí a ti. ¿Podrías orar por mí? Puedes ver cuán débil soy».

En el momento que declare eso, se fortalecerá más que nunca ante el joven. Él recibirá un mensaje claro y no uno doble. Como consecuencia, él crecerá y usted también.

El principio «iso»

Para relacionarse con los demás en una manera saludable, debe aprender y familiarizarse con el principio «iso». Esta palabra, en griego, quiere decir «mismo» o «igual».

Seguramente habrá oído de los ejercicios isotónicos, una clase especial de ejercicios físicos. Por ejemplo, si una persona tiene un brazo enyesado, el médico o el terapeuta le enseñará cómo mover el músculo. Le mostrará cómo apretar el puño, tensar y relajar los músculos, ejercitando el brazo sin necesidad de moverlo.

Otro ejercicio isotónico consiste en presionar las dos manos en un patrón de presión y flexión repetido que fortalece el músculo ya que, aunque no lo muevan, lo contraen y lo relajan. Eso es lo que hacen los animales cuando se estiran. Estirarse es un ejercicio excelente.

Aplicado a la Teoterapia, este principio significa que cuando alguien viene a verle angustiado, usted no lo menosprecia ni le ignora; al contrario, permanece con él.

Hace algunos años, cuando una persona perdía a un familiar o a un ser querido, se vestía de negro. Esa costumbre era un ejemplo del principio «iso», o una forma de decir sin palabras: «Estoy afligido. Cuando me hables, por favor, hazlo con la misma emoción».

En Proverbios 25.20, se nos dice que: *El que canta canciones al corazón afligido es como el que quita la ropa en tiempo de frío, o el que sobre el jabón echa vinagre.*

Cuando una persona está afligida, usted no le dice: «Oye, te invito a una fiesta. ¿Vamos?» Al contrario, se dirige a ella y le dice: «Debes haber amado mucho a esa persona».

Supongamos que alguien le diga: «Acabo de perder a mi abuelita». Usted le pregunta: «¿Qué edad tenía?» Y ella le responde: «Noventa y cinco». Si se ríe y le dice: «¿Qué querías? ¿Que viviera para siempre?», usted se muestra insensible y viola el principio «iso», el cual se basa en Romanos 12.15: *Gozaos con los que se gozan, llorad con los que lloran.* Si en cambio, le dice: «La amabas y sé que la extrañarás mucho», le demuestra amor y simpatía.

Más allá de la empatía

La empatía y el principio «iso» son diferentes. Empatía es estar en los zapatos de la otra persona. Es cuando usted entiende los sentimientos de la otra persona, pero no va más allá de eso.

Mientras esperaba para iniciar el funeral de un miembro de nuestra iglesia, observé a su viuda. Estaba sentada en la primera fila, con mucha compostura y sus emociones controladas. Su proceder decía: «Miren lo valiente y fuerte que soy».

Durante el servicio, la entristecí al afirmar: «Cuando alguien se va del hogar, la esposa regresa a una casa vacía; y observa los zapatos de su ser amado y sus trajes colgando en el guardarropa».

La mujer empezó a llorar.

Las expresiones en los rostros de sus compungidos amigos expresaron sus pensamientos: «¿Puede ser tan duro? ¿Qué clase de pastor es usted?»

Lo importante en ese momento era mostrar la aflicción y no desplegar una fuerza y estoicismo falsos. Ella tenía que luchar con su propia soledad mientras continuaba llorando. Alguien sugirió que se le llamara un médico. Yo indiqué: «No. Déjenla que llore».

Estimulé intencionalmente sus lágrimas. Ese es el principio «iso».

La empatía dice: «Sé cuán sola te debes sentir», y de ahí no pasa. Esa viuda sufriente sabrá que le preocupa y la entiende y que todo mejorará. Pero en Teoterapia, vamos más allá de ese punto y tratamos de sanar.

Una vez visité a un hombre a quien le amputaron una pierna. Todos los que lo visitaban en el hospital bromeaban con su situación y trataban de hacerlo reír. Él rió con ellos, pero tras su alegría aparente acechaba una profunda depresión. Más que oírlo reír, lo que en realidad oía era su asoladora depresión.

—Es duro perder una pierna —le dije.

Aquel, hasta ahora, hombre duro, empezó a llorar. Nunca pensé que llorara con tanta facilidad. Le pasé un pañuelo desechable y lo consolé.

—Llorar no es el problema, ni sentirse confundido ni deprimirse, especialmente si alguien te quita una pierna.

—No podré hacer lo que quiera —me respondió.

Asentí y luego le hablé del dolor fantasma que tendría.

La empatía dice: «Sé cuán solo te debes sentir», y de ahí no pasa. Pero, en Teoterapia, vamos más allá de ese punto y tratamos de llevar sanidad.

—Te van a picar los dedos y querrás rascártelos. Te despertarás durante la noche y rascarás el colchón en ves de tus dedos. Sentirás la comezón a la altura de la rodilla, pero el cerebro no sabe eso. Tendrás que reentrenarlo golpéandote el muñón de la pierna para que pueda aprender que ahora el extremo de la pierna es la rodilla y que ya no hay dedos.

Acostumbrarse a usar prótesis también puede ser una experiencia deprimente y agotadora. Para preparar a mi amigo, le advertí:

—Te va a tomar unos tres meses lograr destreza. Será duro. Te caerás seguramente más de una vez y te podrás hacer daño, pero no tienes que darte por vencido.

Ser brutalmente sincero al extremo ayudará a prevenir males peores. Yo actuaba según el principio «iso».

Cuando terminé, me dijo:

—Gracias, me alegró que me dijeras lo que me encontraré más adelante. Ahora podré enfrentar el futuro de manera realista.

Usted no tiene que planificar discursos para ministrar a una persona necesitada. Todo lo que tiene que hacer es escuchar y ubicarse donde la persona está.

En béisbol, cuando uno de los jardineros ve venir la bola, la agarra y voltea la mano con la bola. Sin embargo, si mantiene la mano rígida, puede lesionarse. Al voltearla, aminora el impacto. El jugador usa el principio de «iso».

Si lo usa en sus relaciones personales, cuando alguien sufre heridas emocionales, usted puede suavizar ese dolor.

En el mismo sentido, si una persona le ofende, puede suavizar el impacto. En vez de guardarlo, puede decirle: «Heriste mis sentimientos. Me gustaría saber qué hice para que te enojaras».

Suavice el golpe. Si trata una situación así, no le dolerá.

Dinámica sanadora

1. Únase con otra persona que se interese en los principios teoterapéuticos.

Pasen veinte segundos mirándose mutuamente sin pronunciar una sola palabra. Serán los veinte segundos más largos que haya vivido. Quizás ría. Tal vez llore. Quizás frunzas el ceño, pero no debe hablar.

¿Notó que se pueden comunicar pensamientos, actitudes y sentimientos, incluso sin palabras?

El punto es: Hay comunicación aunque no hable.

2. Recuerde: Comunicación abundante entra a su hogar, háblese o no. A menudo la comunicación no verbal es tan significativa que puede causar más daño que la verbal.

La próxima vez que vea a una persona con la cara larga, quédese con ella por tres minutos y sentirá cómo aumenta la tensión en usted. Las emociones son contagiosas aunque no se exprese una sola palabra.

14

SU VERDADERO YO

«El joven se sienta solo en el muelle, contemplando intensamente la vastedad del océano bañado por la luz de la luna. Hasta donde sus ojos pueden ver, las estrellas salpican la oscura sábana de luz. La magnitud de la obra de Dios lo inunda y destaca con dramatismo su propia pequeñez. «¿Cómo puede Dios saber incluso dónde estoy? ¿Cuán importante soy para Él? ¿Se preocupa realmente por mí?» Sus sentimientos se asemejan a los del salmista tiempo atrás».

¡Oh Jehová, Señor nuestro, cuán glorioso es tu nombre en toda la tierra! Has puesto tu gloria sobre los cielos; de la boca de los niños y de los que maman, fundaste la fortaleza, a causa de tus enemigos, para hacer callar al enemigo y al vengativo. Cuando veo tus cielos, obra de tus dedos, la luna y las estrellas que tú formaste, digo: ¿Qué es el hombre para que tengas de él memoria, y el hijo del hombre para que lo visites? Le has hecho poco menor que los ángeles, y lo coronaste de gloria y de honra (Salmos 8.1-5).

¿Qué es el hombre? ¿Cuál es su gran valor? ¿Por qué es tan importante? ¿Qué es eso tan importante en *usted*?

Hace poco le dije a una hermana en Cristo: «O eres una princesa o Dios es un mentiroso. O eres la persona más importante sobre la tierra o Dios no dice la verdad. Ambas cosas no pueden ser ciertas a la vez».

«¿Qué es el hombre para que tengas de él memoria, y el hijo del hombre para que lo visites?» Es como si el salmista dijera:

Padre, ¿por qué te acuerdas tanto de nosotros? Tú que creaste los cielos y la tierra y todas las cosas hermosas para nuestro placer.

El Salmista se percata de su insignificancia. «Cuando miro los cielos y observo la grandeza de lo que me rodea, realmente me doy cuenta de que soy nada. ¿Por qué tendrías que molestarte por mí?»

Entonces, por inspiración del Espíritu de Dios, viene la respuesta que aclara esta evaluación: «*Le has hecho poco menor que los ángeles, y lo coronaste de gloria y de honra*».

Sí, hombre, ahí es donde usted está. Es un poco menor que los ángeles de los cielos. Con todas las imperfecciones, con todo el pecado, con todas las debilidades que tiene, es un poco menor que los ángeles y eso es lo maravilloso que se puede decir de usted.

Hace varios años viajaba por los campos de Virginia con un colega pastor. Llegaba a un pequeño pueblo cuando el sol estaba a punto de ocultarse tras la montaña. Era otoño, la montaña ardía en medio de una cascada de colores: café, canela, bronce, amarillo y verde. El Pastor detuvo el auto.

—¿Puedes entender toda esa maravilla? —me preguntó.

—¡No, no puedo! Es demasiado hermoso —le respondí, casi llorando.

Dios hizo toda esa belleza y aun así, cuando lo ve a usted, dice que es un millón de veces más hermoso que la puesta de sol más impresionante. Usted vale más que todas las estrellas y galaxias juntas. Jesús no murió por una galaxia. Murió por usted.

Usted es tan importante para Dios que debe sentirse como tal.

¿Quién es usted?

Muchos de nosotros no somos lo suficientemente auténticos. Vivimos dos «yo»: el «yo» que somos y el que otros nos hacen creer, y entre ambos hay un conflicto.

Usted es lo que Dios quiso que fuera, pero otros le han hecho sentir que debería ser algo más. Y lo hacen al rechazarle, hacerle sentir culpable, haciéndole sentir que no vale nada, reduciendo su autoestima, desarrollando inseguridad en usted. Haciendo cosas que le hagan odiarlos. Y como consecuencia de ese odio, ahora tiene sentimientos de culpa e inseguridad. Es posible que ellos no hayan querido perjudicarle, pero de todos modos sufrió.

Tiene que elegir entre los dos «yo» el «yo» que le dio Dios o el que otros le hicieron creer que era.

Dios dice que usted es su hijo y que por eso es tan importante. Hay cerca de seis billones de personas sobre la tierra y en todo ese vasto número, no hay un solo ser humano que sea como usted. Así que es único. Su singularidad es su mayor riqueza porque, cuando llega a ser lo que realmente es y no lo que los demás quieren que sea, entonces se hace atractivo.

Cuando una jovencita llega a casa, sin aliento, con la vista extraviada, y dice: «Papi, he encontrado al joven más buen mozo de toda la tierra»; papi le echa una mirada al joven y pregunta: «¿Qué ocurre con mi hija?»

Nada. Sencillamente que ella ha visto la singularidad del joven y eso le atrae.

Déjeme repetirlo: La mayor riqueza que usted posee es su singularidad, que es lo que le hace ser *usted*. No hay nadie más como usted. A pesar de sus debilidades, faltas y fracasos, es especial, e importante. Cuando acepte esa singularidad y llegue a ser lo que es, atraerá a otros.

Usted llega a ser auténtico. Y llega a ser lo que Dios quiere al luchar contra aquellas áreas oscuras que crea la gente cuando le hace pensar que no es importante. Su madre le hizo creer que no era especial. Alguien a quien amaba le rechazó o hirió a algún ser amado o le abandonó. Quizás su padre murió antes que tuviera oportunidad de conocer la figura paterna.

Cuando recibió el mensaje de que no era ni querido ni amado, entró en una vida conflictiva, y eso le hizo pensar que era menos de lo que Dios dice. Su vida es afectada negativamente por lo que otros piensan y hacen de usted.

Fariseos amoratados

La Teoterapia es una herramienta divina que le ayuda a superar ese horrible sentimiento de insignificancia.

Muchos cristianos son incapaces de reconocer sus conflictos. Desarrollan un concepto de super espiritualidad que no tocan, miran ni piensan en nada desagradable.

En los tiempos de Jesús, los fariseos eran «super espirituales». Un grupo, llamado fariseos «amoratados», querían ser tan espirituales, tan perfectos, que ni siquiera se permitían mirar a una mujer. Cuando una dama se acercaba, cerraban los ojos para no verla. Pasaban de largo sin abrirlos, por lo que caían en los hoyos y al caerse, sufrían moretones; de ahí el nombre.

Hoy, tenemos la misma clase de fariseos, solo que no están magullados por fuera sino por dentro. Jesús vino a destruir esta religión hipócrita.

Mientras aconsejaba a una amable dama cristiana, expresó su enojo golpeando el piso. Avergonzada, me dijo:

—No es correcto que una dama como yo haga eso.

—Tiene razón, no es elegante, pero está en su derecho —le dije—. Usted puede ser delicada y estar neurótica, aparentando ser una cristiana decorosa aunque por dentro se esté desplomando. O, puede recibir sanidad a través de los métodos provistos por Dios y entregarle su enojo al Señor y ser llena con el Espíritu Santo.

Ella decidió dejar de aparentar y se sanó.

Durante generaciones, las personas han calentado los asientos de las iglesias, cantando, como los soldados, *Firmes y adelante* mientras emocionalmente están llena de miedos, coraje y hostilidades sin resolver.

Si esas personas pudieron acopiar el valor suficiente como para ir al pastor a pedirle ayuda. Y este, probablemente, les hubiese dicho: «Querido hermano, solo haga una oración más, lea este salmo, confiese y ayune un poco más». Como resultado, el pastor habrá tenido un hermoso santuario lleno de cristianos neuróticos.

Es tiempo de que la iglesia sane. Se sanará haciendo frente a sus conflictos.

Dos tipos de emociones

Es importante que muestre sus emociones, pero hay una diferencia entre manifestar las emociones y expresar emocionalismo.

Puede expresar emoción y entrar en un estado de adoración en el que el espíritu se libere y toque el cielo con la mano. Es algo hermoso, conduce a una buena salud mental y emocional. Por otro lado, el emocionalismo no es una expresión del espíritu, sino del alma. Tampoco es adoración ni conduce a una buena salud mental. Los cristianos deberían estar en guardia y seguros de que adoran en el espíritu y así manifestar emoción, en vez de expresarse a nivel del alma, en un emocionalismo enfermizo.

Jesús expresó emoción cuando lloró ante la tumba de Lázaro. Uno de los mayores daños que usted le puede hacer a alguien es impedirle que exprese su dolor. El dolor que no se expresa efectivamente podrá surgir más tarde en forma de trastornos físicos y depresivos.

Hay dos tipos de emociones: positiva y negativa. Usted necesita entender algunos asuntos básicos respecto a la manera en que esas emociones actúan en su vida. El conocimiento es una puerta de entrada al entendimiento.

El principio que debemos recordar es que las emociones positivas siempre son más fuertes que las negativas. Por ejemplo, el amor —una emoción positiva— siempre es más fuerte que el odio.

Esto se observa en la vida de Jesús. Cuando le expresaron odio, respondió con amor.

Una persona que es capaz de amar puede conquistar el odio en cualquier momento. El odio es una emoción débil. En efecto, lo interesante es que si una persona odia, la única perjudicada es ella misma, no la que desprecia.

Muchas personas dicen: «No odio a nadie», porque se odian tanto a sí mismos, que no tienen suficiente autoestima para reconocer que odian a los demás.

Cuando usted ama a Dios y a los demás, se supone que está listo para amarse a sí mismo. Esto es esencial en la perspectiva cristiana de la salud mental. Es imposible que una persona que afirme tener buena salud mental y emocional no se ame a sí misma.

Amar a Dios, a su prójimo y a sí mismo son los tres fundamentos sobre los que se sustenta el verdadero amor.

El amor de Dios

La palabra «amor» tiene varias acepciones; es importante entender el concepto bíblico del amor de Dios, o el tipo de amor ágape.

En la carne, nadie sabe cómo amar. Por lo general, la gente confunde amar con querer. *Amar* es siempre dar; *querer* es desear. Igualmente, el amor ágape es distinto al emocional. El amor ágape, o bíblico, se somete a la voluntad; el emocional, no.

El amor ágape siempre da. Cuando usted dice: «Te amo» es un gesto de usted hacia otra persona. El amor ágape siempre implica dar: darse uno mismo o dar algo a alguien. El amor ága-pe se preocupa más por la felici-dad de otros que por la propia, y es más presto a perdonar que a ser perdonado. Si desea ser verdaderamente feliz, asegúrese de que hace feliz a otros.

> *El amor ágape nunca exige, ni siquiera que se le retribuya el amor que da.*

El divino amor ágape lo experimentan las personas cuan-do nacen de nuevo. Lo amamos porque Él nos amó primero. Cuando experimentamos el amor de Dios, desarrollamos la capacidad de amar efectivamente. Esto significa amar sin herir, estar dispuestos a dar y a ser uno mismo en el proceso, sin temor a no poder hacer lo que se supone que tiene que hacer.

El amor ágape siempre piensa en el bien de los demás. Por lo tanto, si yo le amo a usted, no haré nada que le hiera, porque cualquier acción ha de orientarse a su bien. Este es el amor bíblico.

El amor ágape nunca exige nada, ni siquiera que se le retribuya el amor que da. En el momento en que usted exige algo del amor, este deja de ser y se transforma en egoísmo.

Cuando usamos estos principios bíblicos de salud men-tal y emocional, empezamos a amar a la otra persona sin pensar en lo que es y sin exigirle que nos ame y se preocupe por nosotros, esa clase de sentimiento generará amor en la otra persona. Siempre es así. Usted cosecha lo que siembra.

Algunos padres tienen la idea errónea de que el amor es indulgente y nunca les niegan nada a sus hijos. Es la forma más segura de arruinar la vida de un niño.

He aconsejado a muchas madres que dicen: «Amo tanto a mi hijo que siempre le doy todo lo que desea. No puedo pegarle y herir sus sentimientos».

Las vidas más frustradas son las de aquellos jóvenes cuyas madres o padres los «amaron» de esa manera. Eso no es amor verdadero. Cuando el amor paternal es maduro, se arriesga a sufrir los disgustos del niño para enseñarle el comportamiento adecuado.

El amor de Dios es de aquella clase que no se abalanza sobre la otra persona. Siempre permanece detrás, a la espera.

¿Sabe usted cómo le ama Jesús? Le ama al punto de que hizo el sacrificio supremo en la cruz; sin embargo, nunca persigue a nadie. Nunca exige que alguien le siga. Cuando el joven rico decidió no seguir con Él, Jesús lo amó y lo dejó ir. El verdadero amor siempre da libertad (Marcos 10.17-22).

«Si amas a alguien, déjalo ir. Si vuelve, es tuyo. Si no, nunca te perteneció», esta breve afirmación lo dice todo.

El amor divino deja a los demás libres. Es esa clase de amor que puede decir: «Hermano, te amo tanto que estás libre para irte».

Una madre angustiada y llorosa vino a verme y me dijo:

—Mi hijo quiere alquilar un apartamento. Quiere vivir solo. ¿Por qué, si tiene un hermoso dormitorio con su propio baño privado? Tiene todo lo que podría querer. ¿Qué puedo hacer?

—Ayúdelo a encontrar el apartamento —le dije—. Déjelo ir.

—¿Pero qué va a hacer? ¿Adónde va a ir?

—No lo sé —respondí—. Él sabrá. Pero déjelo ir. Sé que esto no le gusta, porque no quiere que se vaya, pero debe darle libertad. No lo asfixie con su amor.

El verdadero amor ágape da libertad a las personas. No ata; nunca obliga. Esta es la característica del amor de Dios.

Cuando aprenda a amar así, descubrirá el poder del amor. En Cantar de los Cantares 8.7, encontramos el poder de tal amor: *Las muchas aguas no podrán apagar el amor, ni lo ahogarán los ríos. Si diese el hombre todos los bienes de su casa por este amor, de cierto lo menospreciarían.*

El poder del amor ágape capacita para dar cualquier cosa por el ser amado, sin esperar absolutamente nada a cambio. En el momento en que el amor espera algo, deja de ser tal cosa.

Impelidos a amar

El amor ágape puede someterse a la voluntad. Usted puede darle órdenes. Por eso fue que Jesús dijo: «Amaos los unos a los otros, así como yo os he amado».

Solo el amor que viene del corazón de Dios puede someterse a la voluntad del hombre. Por eso es que Jesús nos manda a amar.

El amor, como una emoción de la carne, nunca se someterá a la voluntad. Yo no le puedo ordenar a usted que me ame. Ni un joven a una joven. Pero Jesús dice: «Amaos los unos a los otros». Esa es una clase de amor diferente.

Los cristianos no tienen alternativa en cuanto a amar. Su buena salud mental y emocional depende de eso.

Por definición, una persona es emocionalmente sana si puede hacer dos cosas: amar y aceptar que le amen. Al contrario, una persona es emocionalmente enferma o con una salud mental deficiente cuando es incapaz de amar o de recibir amor.

Lo que Jesús dice, en realidad, es: «Si quieres gozar de buena salud, manténte ocupado y empieza a amar». Empezar a expresarse amor unos a otros es un buen comienzo para tener una buena salud emocional. Amarse a uno mismo y amar a otros, pero sobre todo, amar a Dios, es la clave de su estabilidad emocional. Una de las afirmaciones más grandes de toda la *Biblia* es el resumen que hace Jesús de la ley cuando dice:

Jesús le dijo: «Amarás al Señor tu Dios con todo tu corazón, y con toda tu alma, y con toda tu mente. Este es el primero y grande mandamiento. Y el segundo es semejante: Amarás a tu prójimo como a ti mismo. De estos dos mandamientos depende toda la ley y los profetas» (Mateo 22.37-40).

No hay tal cosa como cristianismo vertical u horizontal. Las dinámicas del cristianismo significan que usted experimentará el poder divino en su vida cuando el amor de Dios toque el límite de su amor por los demás. En ese punto, donde la vertical se une con la horizontal, nace el cristianismo.

Hace algunos años leí una historia en una revista cristiana acerca de un joven estudiante de medicina que era el único hijo de una familia presbiteriana en Corea. Mientras estudiaba medicina en la Universidad de Pennsylvania, el joven fue atacado una noche al salir de la biblioteca. Sus asaltantes lo golpearon y lo dejaron para que muriera abandonado en la acera. Cuando la Cruz Roja informó a la familia de su muerte, los padres viajaron de inmediato a los Estados Unidos para encargarse del cuerpo y llevárselo a casa.

Antes de regresar a Corea, los padres fueron a la corte donde los asaltantes empezaban a ser enjuiciados por el homicidio de su hijo. El juez le preguntó a los padres del joven si tenían una petición especial que hacer. El padre dijo: «Sí, señor Juez, tenemos algo especial que decir. Por muchos años, economizamos dinero para la educación de nuestro hijo, ya que él deseaba ser médico y volver a Corea a servir a su pueblo. Ahora, nos gustaría dedicarlo para rehabilitar a estos muchachos que mataron a nuestro hijo».

Ese es amor ágape y solo es posible a través de Cristo. El Espíritu del Señor, que vivía en esos padres, amaba a esos asesinos. En la carne, tal clase de amor es imposible.

Amor carnal

El amor carnal, ese que es emocional, no puede someterse a las órdenes de la voluntad. Por eso, cuando hay una batalla entre la mente y el corazón, por lo general, pierde la mente.

Un hombre se dejó caer en una silla en mi oficina; sus ojos evitaban los míos.

—No amo a mi esposa. Estoy enamorado de otra mujer y no puedo dejarla. Preferiría morirme antes. Todos los razonamientos del mundo no podrán hacerme cambiar de opinión.

Ese hombre estaba viviendo en el reino donde opera Satanás, en el amor carnal, donde el corazón entra en conflicto con la mente. Cuando la mente y el corazón empiezan a pelear, la mente siempre pierde la batalla.

Comencé, replicándole:

—Es exactamente lo que tiene que hacer: morir —obviamente me refería a morir a la carne de tal manera que Cristo pudiera vivir en él.

—¿Cómo puedo hacer eso? —me preguntó con sinceridad.

—Debe imaginarse a la otra mujer muerta y mientras tanto, usted también se muere. Échese al suelo y laméntese por ella. Llore como si ella hubiera muerto. Asegúrese de seguir llorándola hasta que muera en su mente. Llore todo lo que pueda. Luego, levántese, mire a Jesús, y siga viviendo para Él.

Si alguien se encuentra en la misma situación que este hombre, por favor, por su bien y el de todos los demás con quienes se relaciona, siga el consejo que le di a él.

El Espíritu Santo vendrá a rescatarlo y le consolará con estas palabras: «Jesucristo está aquí y su amor es más grande que tú y que cualquier situación en la que te encuentres». Gracias al amor de Jesucristo podrá someterse a Dios. Entonces habrá muerto.

Cuando usted muere, llega a ser fuerte en Jesús. El apóstol Pablo dijo: «cada día muero». Quien esté dispuesto a morir cada día a la carne, llegará a ser un gigante espiritual en las manos de Dios.

Cuando una persona pasa por el sufrimiento y mira a Cristo en busca de ayuda, sale de esa aflicción más victoriosa y más poderosa que nunca. Eso ocurre porque el Espíritu Santo se constituye en la autoridad de su voluntad mediante el amor de Dios.

Quite los resentimientos

Remueva cualquier emoción negativa que obstruya el canal a través del cual fluye el amor de Dios. El rencor es una de las emociones negativas más devastadoras. Guardar resentimientos afecta más al que lo siente que a cualquier otra persona. Mientras más pronto lo elimine, mejor para usted. Para quitar el resentimiento de su vida hay que dar tres pasos.

Primero, reconozca que hay resentimiento en su vida. Identifíquelo hasta el punto que pueda escribirlo.

Segundo, reconozca que nunca podrá deshacerse de él en la carne.

Por lo tanto, dependa únicamente de Cristo y del poder del Espíritu Santo.

Tercero, decídase a tomar el control absoluto de sus emociones y eche fuera de su vida aquella emoción destructiva.

En otras palabras, someta su resentimiento al Señor espontáneamente. La única forma en que puede hacerlo es experimentando el amor ágape de Jesucristo y el perdón de Dios.

Deje que Dios le rodee hasta que se sienta abrazado por Jesús y sienta que le atrae hacia Él. Perciba el calor de su amor acariciante y el resentimiento se irá.

Cuando era niño, era muy delgado y a menudo estaba a merced de los muchachos más grandes que yo. Un fanfarrón, en particular, tenía la costumbre de interrumpir nuestro juego de canicas para quitármelas. Como consecuencia de eso, empecé a desarrollar resentimiento porque no me atrevía a pelear con él y no podía defenderme.

Mantuve ese resentimiento por años. Pero noté, a medida que pasaba el tiempo, que el muchacho siempre se veía feliz, mientras que yo andaba enojado por el coraje que sentía. Solo había una manera de librarme de aquello.

Identifiqué mi resentimiento. Luego llamé al muchacho por su nombre y le dije: «¿Sabes una cosa? No puedo seguir guardando lo que me hiciste. Pero Jesús murió para salvarme de mis pecados, de modo que debo perdonarte por lo que me hiciste. Desde este momento en adelante, te voy a amar, mi hermano». Mi resentimiento se fue y su lugar lo tomó la paz del Señor.

Algunos años más tarde, me encontraba predicando en una iglesia y después del mensaje unas treinta personas vinieron adelante para recibir a Cristo. Mientras ponía mis manos sobre cada uno de ellos, vi que la última persona en la fila era el rufián aquel contra el que yo tuve un resentimiento tan grande.

Me dijo: «Mario, tú siempre tuviste razón».

Lo abracé y sentí el amor de Jesús fluyendo de mi corazón al suyo. Me sentía tan feliz de haberme liberado de ese resentimiento. Si no lo hubiera hecho, quizás este querido hermano nunca habría entregado su corazón a Cristo.

Para vencer el resentimiento, tiene que perdonar desde lo profundo del corazón. Más que un apresurado: «Te perdono, 1-2-3 y ¡ya!, todo acabó»; debe estar dispuesto a decir: «Este resentimiento es mío. Me pertenece». Una vez que lo tome en sus manos, déselo a Jesús como un sacrificio vivo a Dios. Es a través de Cristo que uno se libera del resentimiento y logra la capacidad para perdonar.

La actitud de perdón

En Mateo 18.21-22 tenemos unas interesantes referencias a este asunto. *Entonces se le acercó Pedro y le dijo: Señor, ¿cuántas veces perdonaré a mi hermano que peque contra mí? ¿Hasta siete?*

Jesús le dijo: No te digo hasta siete, sino aun hasta setenta veces siete.

Jesús no trata con acciones sino con actitudes. Si hablara de acciones, usted tendría que ser perdonado constantemente. Hay que desarrollar un sentido interno o una actitud de perdón.

Esto se hace poco a poco, a medida que empiece a aceptar el amor y el perdón de Dios y a aceptarse en el Amado, en Cristo Jesús.

Desarrolle una actitud de perdón empezando por lo mecánico, que son las acciones. Perdone cada vez que le ofendan.

Así mismo, puede desarrollar una actitud amorosa. Cuando un predicador dice en una congregación: «Dígale a su hermano o a su hermana: «Te amo», es posible que usted piense: «Pastor, eso es algo mecánico, no sale del corazón».

Sí, al principio puede que sea algo mecánico, pero más tarde empezará a profundizarse en el corazón. Las amorosas acciones mecánicas pronto se convierten en una *actitud de amor*. Hágalo suficientes veces y terminará sintiéndola. Eso es sanidad.

El mismo procedimiento es útil para perdonar. Jesús le dijo a Pedro que no era cuestión de perdonar al que ofende un determinado número de veces, sino un proceso permanente, una actitud.

Usted se transforma en perdón así como Jesús es la Verdad. Él es la Verdad. Él es perdón. Si es necesario, lea nuevamente el capítulo «El perdón: antídoto de Dios».

No es practicando el perdón solamente como se gana la victoria. Si tal fuera el caso, entonces nos pasaríamos la vida haciendo que nos perjudiquen y perdonando. Sería un proceso de nunca acabar.

Amigo, no se concentre solo en perdonar o en amar como un acto, desarrolle una actitud de perdón y de amor, momento tras momento, hora a hora, día tras día. Deje que el amor llegue a ser una parte tan importante en usted que fluya continuamente de su vida.

Cuando ese amor y ese perdón se integren a usted, su autoestima mejorará. Entonces será libre para convertirse en el auténtico ser que es y atraerá a otros.

Dinámica sanadora

Dígale a su Padre celestial: «Dios, quiero agradecerte por mí, porque sé lo mucho que me amas. Sé lo mucho que significo para ti y quiero vivir para ti. Gracias por mí, Señor. Gracias por crearme para ti».

15

ALCANCE SU POTENCIAL MÁXIMO

¿Cuál es el plan de Dios para usted? Su plan es que usted sea lo que es.

Deje de tratar de ser como su prójimo. Disfrute lo que usted es. No se compare con otros; compárese consigo mismo. «Su propio yo es el auténtico». Trabájelo hasta que pueda agradecerle a Dios por quien es usted. Cuando lo haga, será auténtico.

Sea transparente. Transparencia es la habilidad de ver a través del fingimiento y ser usted mismo. No compita contra otros; compita con usted.

Anteriormente dije cuán flaco y debilucho fui en mi niñez y cuántas veces me rechazaron mis compañeritos. Si usted *siempre* es el último en ser elegido para formar un equipo o si no puede defenderse, es fácil adoptar los conceptos y las opiniones de otros como propios, lo cual hice.

Mientras más me decían «debilucho» o «miedoso», más me adaptaba al molde que me forjaban. Sus opiniones perfilaban mi propia opinión. Demás está decirlo, mi autoestima estaba en cero, especialmente cuando todos mis intentos por ser un héroe terminaban en frustración y en dificultades.

Un día, siendo muy pequeño, pensé que tenía que hacer algo yo solo. Entonces decidí que sería Tarzán, el ídolo de mi época. Me conseguí un cuchillo, me lo puse en la cintura y me subí al árbol más alto de un pantano. En un momento resbalé y caí al fango. Cuando empecé a gritar, todos pensaron que estaba imitando a Tarzán. Al fin, un amigo se dio cuenta de mi situación y me rescató. Un nuevo fracaso.

Años más tarde, «Tarzán» creció y se enroló en el ejército de los Estados Unidos. Las cosas empezaron a cambiar. Nos ordenaban que marcháramos, llevando un equipo extraordinariamente pesado, veintidós kilómetros durante la noche pero, lo más extraño de todo, era que podía hacerlo. Al final de nuestro entrenamiento, fui uno de los sesenta hombres de entre tres mil elegidos para ser oficiales. Mi opinión acerca de mí mismo y de mis habilidades empezó a cambiar cuando la opinión de los otros dejó de ser tan importante. Al fin me evalué apropiadamente.

No tema fracasar

Reprobé el primer grado, un fracaso temprano. Nada malo hay en fallar. Sin embargo, he logrado mis metas.

Vivimos en una cultura que recalca tanto el éxito que vuelve a la gente neurótica. Todo el mundo trata de alcanzarlo, pero fallar no es más ni menos que el éxito al revés. Usted puede aprender mucho más de los fracasos que de los éxitos. No tema fracasar.

Conozco a una mujer cuyo marido la dejó con tres hijos. En lugar de declararse derrotada, asumió una actitud positiva. Fue a la universidad, se graduó *magna cum laude*, y empezó a trabajar en un programa de maestría. Su actitud cambió el fracaso en éxito.

Dios quiere que usted sea lo que es. Si dice: «No creo que sea importante», alguien le hizo sentir así. Crea a la Palabra de Dios que dice: *Todo lo puedo en Cristo que me fortalece* (Filipenses 4.13).

Un compañero que se graduó con notas muy bajas fue a ver al Decano de la Escuela de Medicina. «Quiero estudiar medicina», le dijo. El Decano vio las notas del estudiante y trató de persuadirlo de que cambiara de opinión. Finalmente, después de mucha conversación, el ambicioso estudiante rogó: «Permítame pagar un semestre. Si no puedo seguir, abandono la carrera». La escuela de medicina lo aceptó y el persistente estudiante llegó a ser un reconocido médico.

El fracaso, acompañado con fe en el Señor Jesucristo y rendición de su voluntad a Dios, puede convertirse en la mayor conquista de su vida. No le tenga miedo al fracaso. Ese es uno de los trucos de Satanás. Usted le teme al fracaso porque su autoconfianza y su autoestima fueron, hasta un punto, destruidos por la gente que le hizo creer que sería un fracasado. Recuerde, con Jesucristo usted puede tener éxito en cualquier cosa que emprenda.

> *El fracaso puede llegar a ser la mayor conquista de su vida. No le tenga miedo.*

No pase el resto de su vida en una jornada de autoconmiseración innecesaria. Hay cosas mejores.

«¿Qué es el hombre para que tengas de él memoria?» (Salmo 8.4).

Rechazos, inseguridades, baja autoestima, sentimiento de culpa, todo eso trata de impedir que llegue a ser la persona que Dios quiere que sea. Mi oración es que, con la ayuda del Todopoderoso y los recursos y dinámicas de la Teoterapia, pueda llegar a decir: «¡Gracias, Señor, porque al fin soy yo!»

Seguro en las manos de Dios

Veamos qué dice la Biblia sobre la autoestima. En el principio, Dios mostró lo que esperaba del hombre al confiarle tanto a su cuidado. En el versículo 28 del primer capítulo de Génesis vemos evidencia de esto:

> Y los bendijo Dios, y les dijo: «Fructificad y multiplicaos; llenad la tierra, y sojuzgadla, y señoread en los peces del mar, en las aves de los cielos, y en todas las bestias que se mueven sobre la tierra».

Jesús cumplió absolutamente la Escritura cada día de su ministerio. A una higuera le dijo: «Sécate», y se secó. Al viento le ordenó: «Cálmate», y se calmó. A las ondas del mar les dijo: «Aquiétense», y las ondas obedecieron. Cabalgó en un asno que no había sido montado, y lo llevó adonde Él quiso. En ningún momento el animal sin entrenamiento dio cóces ni desobedeció. Fue obediente como un manso cordero porque su Señor lo iba montando.

Finalmente, Jesús le dijo a la muerte: *Oh muerte, yo seré tu muerte; y seré tu destrucción* (Oseas 13.14). Al morir, destruyó a la muerte.

En Génesis 1.28, Dios les dijo unas palabras a Adán y Eva, y el segundo Adán, Jesús, las cumplió. Dios espera que nosotros también las cumplamos. La palabra «dominio» viene del término latino *dominus*, que quiere decir señor. Usted es señor sobre peces, aves, plantas y sobre todo. Dios le dio autoridad.

En una ocasión, Jesús declaró: *Todo poder me es dado en el cielo y en la tierra* (Mateo 28.18). La palabra «poder» aquí quiere decir «autoridad delegada». *Toda* autoridad, la misma que quiere darnos. Cuando Cristo es todo en nosotros, entonces somos «señores»; tomamos el dominio legítimo que Dios nos dio sobre todas las cosas y circunstancias. Estas ya no se enseñorean de nosotros.

En Romanos confirmamos la manera en que Dios nos valora como individuos:

> *Mas Dios muestra su amor para con nosotros, en que siendo aún pecadores, Cristo murió por nosotros. Pues mucho más, estando ya justificados en su sangre, por Él seremos salvos de la ira. Porque si siendo enemigos, fuimos reconciliados con Dios por la muerte de su Hijo, mucho más, estando reconciliados, seremos salvos por su vida. Y no sólo esto, sino que también nos gloriamos en Dios por el Señor nuestro Jesucristo, por quien hemos recibido ahora la reconciliación* (Romanos 5.8-11).

Cuán explícito es el versículo 10: Aunque era su enemigo, Jesús le amó de tal manera que fue a la cruz por usted. Si Él le reconcilió con el Padre, entonces, ¡cuánto más hará ahora!

Este pasaje de Romanos muestra el concepto que Dios tiene de usted. Cuando entienda esa Escritura, su propio concepto de sí mismo alcanzará un nuevo nivel. Dios piensa que usted es tan importante que es digno de morir por usted. A pesar de sus debilidades, sus fracasos, sus defectos y sus pecados, es digno de morir por usted.

Cuando capte esa verdad, desarrollará un hermoso sentimiento de autoestima, pero una autoestima centrada en Cristo. No una de esas que se basan en perspectivas humanistas y refranes como: «Puedes hacer todo lo que quieras si te esfuerzas» o «Dios ayuda a quienes se ayudan a sí mismos».

Este último residuo filosófico es afín al que dice que usted se salva por las obras o por su propio esfuerzo. Los cristianos con esta clase de fe son fácilmente derrotados porque se apoyan demasiado en su propia «fe». Cuando «su fe» les falla o se debilita, todo se les derrumba porque su seguridad descansa en «su» habilidad y en «su» fe para mantenerse aferrados al Señor. ¡Amados, eso es un tremendo error!

¡Todo depende de que Él lo agarre! ¡Aleluya! Y la forma en que lo agarra es extraordinariamente fuerte. No tiene que temer que le suelte. Cuando está sujeto por la mano de Dios, aunque se quiera soltar, Él le mantendrá asido. ¡Qué seguridad!

En las manos de Dios estamos seguros. Esa seguridad echa fuera más neurosis que todos los siquiatras del mundo.

Cómo nos ve Dios

A veces el diablo trata de derrotarle y hace que tropiece y luego se burla de usted diciéndole: «¡Mírenlo! ¿No eres cristiano? ¿Dónde está la victoria de la que alardeas?»

El Señor está allí, listo y esperando para levantarle, sacudirle y ponerle de nuevo en el camino correcto. En el mismo minuto que le rinde su vida a Dios, pasa a ser posesión suya.

El apóstol Pablo dijo: «*¿O ignoráis que ... no sois vuestros? Porque habéis sido comprados por precio*» (1 Corintios 6.19-20).

Si ya no se pertenece, entonces ¿por qué preocuparse? Pertenece a Dios. Todo lo que es, todo lo que tiene y todo lo que sabe pertenece a Él. Esos sufrimientos y esa desesperación pertenecen al Señor. Por eso le dice que eche «toda su ansiedad sobre Él, porque Él tiene cuidado de usted» (1 Pedro 5.7).

Él *cuida* de usted. ¿Qué importancia tiene que el mundo no le quiera? Él Señor sí le ama.

Veamos otro pasaje de la Escritura que confirma la imagen que Dios tiene de usted.

¿Qué, pues, diremos a esto? Si Dios es por nosotros, ¿quién contra nosotros? El que no escatimó ni a su propio Hijo, sino que lo entregó por todos nosotros, ¿cómo no nos dará también con Él todas las cosas? ¿Quién acusará

a los escogidos de Dios? Dios es el que justifica. ¿Quién es el que condenará? Cristo es el que murió; más aun, el que también resucitó, el que además está a la diestra de Dios, el que también intercede por nosotros. ¿Quién nos separará del amor de Cristo? ¿Tribulación, o angustia, o persecución, o hambre, o desnudez, o peligro, o espada? Como está escrito: Por causa de ti somos muertos todo el tiempo; somos contados como ovejas de matadero. Antes, en todas estas cosas somos más que vencedores por medio de aquel que nos amó. Por lo cual estoy seguro que ni la muerte, ni la vida, ni ángeles, ni principados, ni potestades, ni lo presente, ni lo por venir, ni lo alto, ni lo profundo, ni ninguna otra cosa creada nos podrá separar del amor de Dios, que es en Cristo Jesús Señor nuestro» (Romanos 8.31-39).

Estos versículos son básicos para un concepto claro acerca de la autoestima.

«Si Dios es por nosotros, ¿quién contra nosotros?» Si los cristianos hicieran suya esta frase, seguro que cambiarían por completo el país. ¿Qué tiene que temer cuando Dios está de su lado?

«¿Quién acusará a los escogidos de Dios?» Todos los que temen perder su salvación, agárrense de esta verdad. Satanás irá ante Dios y le acusará de muchas cosas: «Dios, ¿viste lo que ha estado haciendo José? No va a la iglesia y la semana pasada lo único que hizo fue criticar a sus hermanos».

Pero Dios le responderá: «Satanás, no veo nada de lo que me dices».

¿Hay alguna contradicción en eso? Dios no puede mentir porque usted ha hecho aquello de lo cual Satanás lo acusa. Pero la respuesta es sencilla: Dios ve a Jesús en usted y ese Jesús es perfecto. Dios ve la perfección de Jesús en usted, por lo tanto, no miente cuando dice que no ve nada malo. En lo que al Padre celestial concierne, usted es perfecto. Eso es lo que se conoce con el nombre de justificación, «tal como si» nunca hubiera pecado.

Cuando Satanás le susurra al oído: «Eres un pobre tipo. Nunca harás nada bueno», puede devolverle el golpe diciéndole: *Mayor es el que está en vosotros que el que está en el mundo* (1 Juan 4.4). *Cristo ... el que también intercede por nosotros. ¿Quién nos separará del amor de Cristo? ¿Tribulación, o angustia, o persecución, o hambre, o desnudez, o peligro, o espada? ... Antes, en todas estas cosas somos más que vencedores por medio de aquél que nos amó* (Romanos 8.34-37).

Usted debe aceptar y entender el valor que le dio Dios y lo que invirtió al dar a su Hijo unigénito para que muriera por usted. Examine su autoestima y pregúntese: «Si esta es la forma en que Dios me ve, ¿cómo me veo yo mismo?»

¿Qué cree usted que es?

Sufrí un severo complejo de inferioridad en mi niñez. Mi baja autoestima se debía, entre otras cosas, a que mis dientes estaban muy separados entre sí. A cualquier otro niño no le importaría que le dijera que sus dientes se unirían si alguna vez comía maíz a través de una cerca de alambre. Pero a mí me intimidaba más.

Un día, cuando tenía once años, estaba conversando con una linda muchachita a quien quería impresionar con «mis conocimientos». Alardeaba de mi bicicleta y de cuán buen nadador era y le hablé de las películas de Tarzán.

Repentinamente apareció otro muchacho. Justo cuando casi completaba mi presentación, dijo: «¿Por qué tienes los dientes tan separados?»

La chica me miró y me aplastó con sus palabras: «Es cierto, no lo había notado». Enrojecí y mi breve «romance» llegó abruptamente a su fin.

No fue sino hasta varios años después, cuando un dentista me dijo que era afortunado con mis dientes tan separados porque así no tendría que preocuparse mucho por mí, que empecé a sentirme bien con mi aspecto.

¿Observa cómo dejamos que otros forjen las opiniones que tenemos de nosotros mismos?

Sufrí ese terrible complejo de inferioridad hasta que Cristo vino a mi vida. Entonces, todas las cosas que me mortificaron por años —mi baja estatura, mis dientes y mi vista— pasaron a un segundo plano y dejaron de ser importantes. Lo único que me importaba era que Él me amaba y yo a Él.

Quizás sepa cuánto lo valora el Padre, pero ¿cuál es la opinión que tiene de usted mismo? ¿Quién cree que es? La persona que se estima apropiadamente, que tiene una autoestima normal, se respeta y se ama.

En busca de amor

En Colombia, hay miles de niños abandonados desde su nacimiento. Los llamados «gamines» sobreviven en manadas como perros, vagando por las calles y durmiendo en tugurios. En Bogotá, ciudad fría y húmeda, es posible verlos revolotear por las acequias de las calles por donde escapa el vapor, tratando desesperadamente de combatir el frío.

Los gamines pelean con los perros por la comida en los basureros. Cuando se acercan a un restaurante, las personas les lanzan piedras, como si fueran una jauría de perros. Es más, la mayoría de la gente no trata tan mal a los perros. Un hombre, dueño de un terreno donde había una cueva en la que los gamines acostumbraban pasar la noche, roció el lugar de gasolina y le prendió fuego.

Un día cuando fui a ministrar a un grupo de estos chicos, me percaté de que uno de ellos tenía una infección en un dedo del pie. Lo limpié, le unté un medicamento y le vendé el pie. Luego invité a algunos de ellos a tomar helado, mostrándoles amor, hasta donde era posible. Aunque no lo hice para que me lo agradecieran, debo reconocerlo, me sorprendió que ninguno expresara agradecimiento por algo. No hubo ninguna muestra de emoción.

Luego recordé las palabras de un sociólogo colombiano: «Los gamines son incapaces de amar. No pueden hacerlo porque nunca han sido amados». Sin amor, no se valoraban como seres humanos ni tenían concepto alguno sobre ellos mismos.

Para tener autoestima, tiene que amarse. Si, por el contrario, creció pensando que es indigno de que alguien lo ame; si alguien en su vida lo rechazó al punto de que llegó a creer que nadie podía amarle, seguramente creerá que no merece recibir amor. Por lo tanto, si acepta ese concepto erróneo, nunca podrá amar a nadie en una manera significativa y genuina.

Muchos matrimonios fracasan no porque el marido se enrede con otra mujer sino porque la esposa no le comunica a él su amor. Aun cuando superficialmente ella le muestre cariño, en su inconsciente lo bombardea de continuo con expresiones no verbales que dicen: «Aléjate de mí. No soy digna de que me ames. Tampoco me vas a amar realmente, así que es mejor que no te me acerques».

Es difícil para la gente dar y recibir amor cuando tienen un profundo sentimiento de que nunca han sido amados en verdad.

Este es el problema con muchos que se dicen «ateos». Un ateo es alguien que necesita a Dios con tanta urgencia que la única forma de protegerse de su propia angustia es negando que existe. Como su padre nunca lo amó realmente, ahora odia al Padre celestial y la mejor forma de expresárselo y «castigarlo» es negándolo. Negar a Dios es decirle: «No creo en ti. Te voy a castigar porque nunca me amaron».

La negación está en el corazón del ateísmo. Muchos ateos parecieran estar enfermos y ser personas neuróticas con una gran cantidad de hostilidad. Realmente, son personas en busca de amor verdadero.

Para poder tener autoestima hay que amarse. Debe amarse. ¿Pero cómo amarse si toda su vida lo han tratado como si no valiera nada?

Tendrá que empezar aceptándose como es y verse desde la perspectiva de Dios.

Encuentre gozo y satisfacción

Una atribulada mujer vino a verme un día.

—Soy adoptada —me dijo.

—Yo también —le repliqué.

Ella me miró sorprendida.

—¿Usted? No lo sabía. Hace poco lo oí hablar de sus padres.

—Oh, sí, tengo mamá y papá, pero aun así soy un hijo adoptado.

—No entiendo —me dijo.

—Permítame demostrárselo —respondí.

Leí Efesios 1.5, que dice: *Habiéndonos predestinado para ser adoptados hijos suyos por medio de Jesucristo, según el puro afecto de su bondad.*

A continuación le expliqué:

—Verá. Dios me adoptó. Jesucristo fue el único Hijo verdadero que Dios tuvo. Yo no soy un verdadero hijo de Dios, pero gracias a que fui adoptado, he llegado a ser heredero juntamente con Cristo. Ahora, todo lo que el Padre tiene me pertenece.

También le mostré Romanos 8.15: *Pues no habéis recibido el espíritu de esclavitud para estar otra vez en temor, sino que habéis recibido el espíritu de adopción, por el cual clamamos: ¡Abba, Padre!*

Ella estaba terriblemente preocupada porque sus padres no la amaron y por eso la dieron en adopción.

Le dije:

—Veamos. Todos estos años usted se ha estado defendiendo, lloriqueando y quejándose como un bebé, culpando a los demás por sus propios errores. ¿Ha pensado que sus padres la dieron en adopción porque la amaban mucho y sabían que nunca podrían darle la felicidad que se merece?

De pronto, su rostro brilló con esa revelación.

—¡Nunca lo había pensado!

—Muy bien, ¿qué le parece si oramos por esos padres también? Alabe a Dios por ellos. Ahora tiene dos parejas de padres, los que la trajeron al mundo y la dieron porque no podían darle la felicidad que se merecía. Y los que la adoptaron, así como Dios me adoptó a mí, porque la amaban tanto que quisieron hacerla feliz y al mismo tiempo su heredera.

¡Aquel día se convirtió en una hija adoptada de Dios!

La autoestima depende de las ideas y conceptos que usted recoge de otros a través de los años. Debe saber que vino al mundo con un propósito, y que no es producto de un accidente.

No importa si tiene diez o sesenta años de edad, si pesa cuarenta o cien kilogramos, si tiene pelo negro o canoso o si sus ojos son azules o pardos. Lo único que importa es que Dios tiene un plan para su vida y tiene que cumplirse. Mientras más pronto lo logre, más se sentirá satisfecho como persona.

No hay persona más feliz que la que sabe para qué vive.

Cuando el individuo se realiza, alcanza la felicidad porque sabe para qué vive. Sabe que no está aquí por un error de Dios. No hay persona más feliz que la que sabe para qué vive. Esta es la mejor salud mental y emocional que una persona puede tener.

Descubra nuevos horizontes

El doctor Archibald Hart, sicólogo distinguido del Seminario Teológico Fuller y un gran hombre de Dios, está bastante familiarizado con el mecanismo de los diamantes. Descubrió que a mayor número de facetas más valioso es el diamante.

Hart adoptó ese concepto a la sicología al comparar las facetas con ciertos aspectos de la vida de la persona. Y trata de ayudar a la gente a que vea que tiene más facetas en su vida que las que puede experimentar. Siempre hay nuevos horizontes y nuevas maneras de hacer las cosas.

Algunas personas acostumbran a hacer las cosas en una forma rutinaria, año tras año, hasta que se convencen que la única manera de hacerlo es la de ellos. Los animales viven en una rutina interminable. Tienen un solo patrón de conducta, y nunca cambian.

Algunos cristianos van a la iglesia, cantan algunos himnos, elevan algunas oraciones y celebran la Cena del Señor en la misma forma a través de generaciones. Cuando algún ritual cambia, aunque sea un poquito, se atemorizan y se sienten amenazados. Muchas personas se resisten a los cambios.

Un domingo en la noche, celebramos la Santa Cena en nuestra iglesia de una manera diferente. Más tarde una señora me dijo que para ella y su marido el servicio había sido muy significativo.

Ese es el objetivo de las facetas: aprender a hacer cosas de manera diferente.

Intente nuevas cosas. Vaya a un restaurante, sírvase platos diferentes o escoja una ruta distinta en su viaje de la oficina a la casa. Amplíe sus horizontes.

Por años, me peiné hacia el lado izquierdo. Siempre fue así y nunca me detuve a pensar por qué insistía en eso. Un día, fui a Filadelfia y un barbero me dijo:

—¿Por qué no intenta peinarse hacia el otro lado?

—Siempre me he peinado hacia el lado izquierdo —le respondí—. Mi padre se peinaba así, mi abuelo también y no voy a cambiar la costumbre.

—¿Por qué no trata? —insistió.

—Está bien —le dije—, intentémoslo.

Me peinó hacia el otro lado y me vi mucho mejor. Desde entonces, he estado combinando ambos estilos. Uno de estos días intentaré otra novedad.

Estoy de acuerdo con el Dr. Hart. Cuando descubre facetas nuevas en su vida y se percata de que hay muchas cosas que puede hacer que creía que no podía, entonces nota que ha estado siguiendo siempre la misma rutina. Quizás ha leído un solo tipo de libros durante toda su vida. Trate de cambiar leyendo historia. Visite lugares nuevos en la ciudad.

Facetas diferentes traen nuevos intereses a su vida. Descubra el valor de la vida. Viva y regocíjese en vivir. Amplíe sus intereses. Así aprenderá que Dios tiene otras cosas reservadas para usted.

Wilbur Paul Lander, un distinguido escritor, dice que muchas personas tienen una tremenda capacidad para escribir, pero como siempre creyeron que no tenían talento nunca escribieron. Sin embargo, cuando rebuscaron en sus tremendos recursos, pudieron escribir y llegaron a ser autores talentosos. Y esto ocurre en muchas áreas.

Un hombre en mi iglesia, que solo tenía segundo grado de escolaridad, pensaba que nunca podría hacer algo valioso. Después que Jesús entró en su corazón, escribió un poema. A nadie le impresionó, pero a él sí. Así que siguió escribiéndolos, los compiló y los publicó en un libro. Hasta ahora, ha escrito varios libros de poesía, y es un poeta laureado en Puerto Rico.

Un día, ese mismo hombre recogió una piedra que le atrajo. Buscó una lija y empezó a lijarla. Pronto descubrió que emergía una figura, así que continuó puliéndola. Ahora es un excelente escultor y ha sido premiado como escultor.

Usted tiene muchos recursos sin explorar porque se ha forzado a creer que no sirve para nada. Pídale a Dios que le dé de su sabiduría para descubrir nuevas habilidades y nuevos talentos que yacen ocultos de usted y del mundo. No tenga miedo. Dios no los puso ahí para que permanecieran dormidos. Él le va a ayudar a alcanzar su máximo potencial y cuando eso ocurra, su autoestima florecerá a la madurez total.

Recuerde, amigo, usted es único y especial para Dios.

Dinámica sanadora

Como en dinámicas anteriores, busque un compañero. Dígale tres cosas buenas que ve en él.

El propósito de este ejercicio es que usted se ayude a apreciar su valor. Dios le ama tanto que quiere que descubra el tremendo potencial que tiene. Por lo tanto, podrá decir: «Soy un trabajador incansable. Puedo cantar bien. Soy un buen siervo del Señor».

Esto no es humanismo. Es aceptar, simplemente, que para Dios usted tiene un alto valor. Ahora, no hay justificación para que piense menos de lo que Dios piensa de usted.

16

UBÍQUESE EN LA VIDA

Por tanto, de la manera que habéis recibido al Señor Jesucristo, andad en Él; arraigados y sobreedificados en Él, y confirmados en la fe, así como habéis sido enseñados, abundando en acciones de gracias. Mirad que nadie os engañe por medio de filosofías y huecas sutilezas, según las tradiciones de los hombres, conforme a los rudimentos del mundo, y no según Cristo. Porque en Él habita corporalmente toda la plenitud de la Deidad, y vosotros estáis completos en Él, que es la cabeza de todo principado y potestad (Colosenses 2.6-10).

Nadie, ni hombre, ni mujer, ni joven, puede tener salud mental y emocional mientras no sepa quién es y cuál es el propósito de su vida aquí en la tierra. Usted no alcanzará satisfacción en la vida sin conocer eso.

En mis clases de sicología pastoral, en el Seminario Evangélico del Caribe en Puerto Rico, la primera tarea que les doy a mis alumnos es que escriban, en no menos de 600 palabras, su respuesta a la pregunta «¿Quién soy yo?» No tienen que incluir datos biográficos, porque no busco dónde nacieron, su edad, ni sus antecedentes. Quiero saber quién dicen ellos que son. El propósito de este ejercicio es permitirles conocerse a ellos mismos.

¿Recuerda cuando Jesús les preguntó algo similar a sus discípulos?

> «Viniendo Jesús a la región de Cesarea de Filipo, preguntó a sus discípulos, diciendo: *¿Quién dicen los hombres que es el Hijo del Hombre? Ellos dijeron: Unos, Juan el Bautista; otros, Elías; y otros, Jeremías, o alguno de los profetas. Él les dijo: Y vosotros, ¿quién decís que soy yo? Respondiendo Simón Pedro, dijo: Tú eres el Cristo, el Hijo del Dios viviente* (Mateo 16.13-16).

Al preguntarle a sus discípulos: *Y vosotros, ¿quién decís que soy yo?*, lo que parece que Jesús en realidad les estaba diciendo era: «Si ya saben quién soy yo, díganme quiénes son ustedes».

Usted jamás descubrirá quién es, si no sabe quién es Cristo Jesús. El punto es que ningún hombre conocerá jamás su verdadera identidad a menos que se conozca en Cristo. Usted debe saber, íntimamente, quién es Jesús; porque solo Él puede dar dirección, propósito y sentido a su vida.

Colosenses 2.10 dice: *Vosotros estáis completos en Él*. El otro lado de tan profunda afirmación es que, sin Él, usted está incompleto.

¿Cuál es el propósito de Dios para el hombre? Más específicamente, ¿cuál es el objetivo de Él para usted?

Para saberlo, tiene que conocer el propósito de Dios para Jesús porque Él es el segundo Adán. Adán fue escogido para que fuera la cabeza de la raza humana, pero fracasó. El segundo Adán, Cristo, vino para cumplir lo que el primer Adán no pudo.

Digámoslo en términos sencillos, lo que nosotros no pudimos hacer como humanos, lo hizo Cristo. Ahora puede realizarse con solo mirar a Cristo y creer en Él. No tiene por qué estar vacío, preguntándose cómo va a terminar todo y viviendo sin un sentido de destino.

«Usted está completo en Él», sabe su destino. Los que saben esto son personas sanas mental, emocional y espiritualmente.

Durante la década pasada, tuve el privilegio de conocer a personas brillantes de todos los sectores sociales y profesionales. Un día, vino a verme un médico cirujano de una ciudad importante, graduado con las más altas distinciones y que ha salvado incontables vidas, gracias a su conocimiento y pericia. De pronto, mientras aquel triunfador me hablaba, se arrodilló lamentándose: «Soy un miserable».

El mismo clamor salió del corazón de un distinguido abogado, que me dijo: «Necesito ayuda. ¿Qué debo hacer? Necesito liberarme del alcoholismo. Estoy a punto de divorciarme. Necesito restaurar mi familia».

> *Nadie podrá tener salud mental y emocional mientras no sepa quién es, para qué vive y cuál es el propósito de su vida en esta tierra.*

Un legislador con un impresionante éxito político, me rogó: «Por favor, ayúdeme. He llegado a lo último. No se adónde ir».

Otro caballero, profesor de una universidad muy conocida, me miró con tristeza y me dijo: «Enseño sicología y filosofía, pero mi vida carece de sentido. Siempre me pregunto: *¿Cuál es el propósito de mi vida?*»

Cumpla su papel en la vida

A pesar de sus logros y conquistas, el hombre es incompleto sin Cristo. Solo Cristo da esa plenitud.

El apóstol Pablo escribió: *Y vosotros estáis completos en Él, que es la cabeza de todo principado y potestad* (Colosenses 2.10).

El hombre descubre su propósito cuando ve a Cristo. Para estar completo en Jesús, debe ser como Él, ejerciendo el oficio de profeta, sacerdote y rey. Veamos lo que nos dice la Escritura sobre esto.

Profeta de en medio de ti, de tus hermanos, como yo, te levantará Jehová tu Dios; a Él oiréis [...] Profeta les levantaré de en medio de sus hermanos, como tú; y pondré mis palabras en su boca, y Él les hablará todo lo que yo le mandare (Deuteronomio 18.15,18).

Porque Moisés dijo a los padres: El Señor vuestro Dios os levantará profeta de entre vuestros hermanos, como a mí; a Él oiréis en todas las cosas que os hable (Hechos 3.22).

En Hechos, el Apóstol Pedro dice que este Cristo, a quien predicaba, era el Profeta prometido.

El primer oficio de Jesús es el de Profeta, una persona que habla por otro. Ya que Jesús es un profeta del Dios Todopoderoso, debe obedecerlo. Si quiere tener plenitud, haga a Jesús su Salvador y Señor. Así descubrirá que usted también es profeta.

Quizás se pregunte: *¿Qué me hace profeta?* Tener la mente de Cristo; por lo tanto, háblele al mundo como lo haría Cristo. Cuando actúa como profeta, puede decirle al mundo que hay esperanza en Cristo. Con eso, estará realizándose. Ese es el propósito de su vida: expresar las buenas nuevas de Cristo.

Su propósito no es ser maestro, abogado o médico. Su verdadera razón de vivir es ser un profeta de Dios. Su profesión es solo un medio para alcanzar el fin. El verdadero fin es dar a conocer a Cristo como Señor.

En mi iglesia hay un carpintero que dice: «Mi Señor trabajó en un pequeño taller de carpintería. Como tengo más herramientas, puedo hacer más cosas que Él, pero hablarles a otros del Carpintero de Nazaret me satisface más que construir una casa». Este hombre sabe que la carpintería no es un fin en sí misma, sino un medio para hablar de Cristo Jesús con todos sus relacionados.

Una ama de casa, un taxista ó un vendedor pueden ver su trabajo diario como algo monótono, pero la vida pierde su monotonía en el momento en que usted descubre su propósito. En ese momento, su ocupación o profesión se convierte en algo interesante porque sabe que puede usarla para servir a Dios y se goza haciéndolo.

La consejería podría ser una profesión muy aburrida. Después de escuchar los problemas de la gente durante ocho horas o más al día, a veces me parece que mis oídos van a explotar. Mi silla se pone tan dura que me gustaría salir de mi oficina y no seguir escuchando tantas historias tristes.

Pero entonces me acuerdo que mi verdadero trabajo no es enfrentar los conflictos. Si eso fuera todo, lo dejaría. Pero gloria a Dios que mi trabajo verdadero es usar los conflictos de las personas para guiarlas a Cristo. Eso hace que mi labor sea gratificante. Cumplo el papel de profeta hablándoles a otros del Hijo de Dios.

El segundo papel de Jesús fue el de Sacerdote o «puente».

Jesús fue el puente entre Dios y el mundo. Nosotros también debemos ser puente para otros.

En 1 Pedro 2.9 puede ver la importancia de su responsabilidad como sacerdote: *Mas vosotros sois linaje escogido, real sacerdocio, nación santa, pueblo escogido por Dios, para que anunciéis las virtudes de aquel que os llamó de las tinieblas a su luz admirable.*

Usted es parte de ese «linaje escogido», de ese «real sacerdocio». Como tal, tiene que «anunciar las virtudes de aquel que le llamó de las tinieblas a su luz admirable». Como sacerdote, no tiene herencia, salvo Dios mismo.

Cuando usted percibe eso, deja de preocuparse por las herencias humanas, por las propiedades, por el dinero, y por todo lo demás. Algunas de las personas más miserables que conozco son aquellas que tienen muchas riquezas. Parece una contradicción, pero conozco a un millonario que casi no puede comer debido a sus úlceras. ¿Para qué sirve el dinero si no puede comer lo que quiere?

Como sacerdote, su máxima prioridad es Dios. Su ministerio sacerdotal es reconciliar al mundo con Dios mediante el Señor Jesucristo.

La tercera función de Jesús es la de Rey.

En 1 Timoteo 6.15 encontramos otro título o función de Jesús: «La cual a su tiempo mostrará el bienaventurado y solo Soberano, Rey de reyes, y Señor de señores».

Jesús es Rey de reyes, lo que significa que usted también tiene que entrar en ese linaje escogido y llegar a ser rey o reina. El mundo debe ver en usted la confianza de la realeza basada en lo que es en Cristo. Usted es un hijo del Rey.

Empiece a pensar de manera diferente. Usted es coheredero con Cristo, el Rey de reyes y Señor de señores. Cuando se convenza de su importancia en Cristo, sacará de su vida toda atadura de duda, timidez y miedo. Tendrá una nueva intrepidez, una intrepidez santa para anunciar a Jesús a los perdidos.

La persona incompleta

Para estar completo, hay que ser como Jesús, cumpliendo los oficios de profeta, sacerdote y rey. Este es el lado positivo del cuadro. Veamos ahora el otro lado, el negativo, y analicemos las características básicas de una persona incompleta.

Primero, la persona incompleta es incapaz de enfrentar las situaciones de su propia vida.

No puede lidiar adecuadamente con sus frustraciones, conflictos o dolores. No puede enfrentar el futuro; es más, ni siquiera puede aceptar el pasado ni el presente. Como resultado, se lamenta y se queja de las luchas que tiene que enfrentar en la vida.

Es antibíblico y sicológicamente dañino, creer que, como cristiano, estará exento de exigencias, heridas, dolores y todo lo que es «herencia de la carne». Es *a pesar de* esas cosas que somos triunfadores y felices.

Segundo, la persona incompleta casi siempre muestra un alto grado de inconformidad.

No ve la necesidad de sujetarse a las prácticas y regulaciones establecidas por otros: en el trabajo, en la sociedad y particularmente en la iglesia. No digo que una persona no deba ser un individuo o ser ella misma en Cristo, pero ser individualista en un grado extremo es ser incompleto. Hay algo en tal persona emparentado con la rebelión.

Otro rasgo de una persona incompleta es un profundo sentimiento de soledad.

La soledad es la peor enfermedad del mundo moderno. Millones tratan de escapar de ella mediante el uso de píldoras, alcohol y hasta el suicidio. Quienes la vencen se percatan de que hay Alguien más fuerte que ellos. Como cristiano, recuerde que nunca está solo.

Jesús nunca estuvo solo, excepto un día como a las tres de la tarde. Por primera vez en toda la eternidad, el Padre y el Hijo se separaron. En la cruz, Jesús experimentó la soledad como jamás hombre alguno la sufrió. Los ecos de su lamento en la soledad continúan resonando por los siglos: *Dios mío, Dios mío, ¿por qué me has desamparado?* Pero Él la sufrió para que usted no vuelva a experimentarla.

Cómo encontrar su lugar en la vida

¿Cómo se realiza usted? ¿Cómo encuentra su posición en la vida?

Primero, debe reconocer que es una entidad espiritual y no solo un ser emocional o físico.

Debe estar dispuesto a morir al yo. Eso significa que tiene que reconocer que todo lo que es y todo lo que tiene es nada sin Cristo. Él es todo en todo. Las cosas solo son importantes si están al servicio de Dios y son para su gloria.

La primera pregunta de la confesión de fe del Catecismo de Westminster es «¿Cuál es el propósito principal del hombre?» La respuesta es «Glorificar a Dios y gozar de Él para siempre». Usted no tiene que ser presbiteriano para creer y vivir eso.

Su crecimiento espiritual será inmenso cuando de veras comprenda que su propósito principal es glorificar a Dios y gozar de Él para siempre. Pasaremos toda la eternidad haciendo eso. Si no puede hacerlo ahora, ¿cómo podrá entonces?

Si desea realizarse, deberá descubrir su propio ministerio.

Cada persona, sin excepción, tiene un ministerio. Muchos, como el hombre que recibió un talento, lo esconden. ¿Recibió su talento y lo escondió? Si no lo usa, Dios se lo quitará y se lo dará a otros que tengan más. Como dice el refrán: «Úsalo o piérdelo».

Dios le dio un carisma a usted. En verdad, cada persona tiene el don de hablar de Jesucristo con su vecino o amigo. Descubra su don.

Revise la lista de dones que hay en la Biblia. Hay más de veintisiete. Identifique el suyo. Luego, concéntrese en él y desarróllelo hasta perfeccionarlo. Trabaje con él hasta que alcance la excelencia al menos en un área ministerial.

No solo debe perfeccionar y refinar ese don, debe ponerlo a trabajar. Si tiene el don de evangelista, empiece a evangelizar, comience a predicar, empiece a hablar de Cristo. Vaya a dondequiera que le inviten: hospitales, cárceles, escuelas. Hable de Cristo.

En mi iglesia hay varias damas que nunca dejan de hablar de Cristo a los demás. Por eso no es sorprendente que nuestra iglesia crezca. Cualquiera sea su don, úselo.

Su autorrealización alcanzará nuevas alturas cuando conozca el amor de Dios por usted y cuán importante es para Él.

Él dio a su Hijo unigénito por usted. ¿Pudo haber un amor más grande que ese? No crea que no vale nada, que es un inútil o sin méritos suficientes para que Dios le ame. Le ama tal como es. Usted es la niña de sus ojos. Asegúrese de su amor.

Por último, para lograr la deseada meta de la autorrealización, aprópiese de Filipenses 1.6.

Haga suya esa afirmación. Crea lo que Dios dice en su Palabra: «*Estando persuadido de esto, que el que comenzó en vosotros la buena obra, la perfeccionará hasta el día de Jesucristo*».

Tener confianza significa «tener fe». Así, con fe, sabrá que el que comenzó en usted una buena obra no se va a detener a medio camino. Él completará la obra, y cuando la termine, será una persona completa. Ese es el plan de Dios para usted.

Dinámicas sanadoras

1. Exprésele a un compañero al menos tres dones que Dios le haya dado. Cuente cómo ha podido desarrollarlos y cultivarlos para glorificar a Dios.

2. Para conocerse mejor y descubrir «quién es», complete las frases siguientes:

«Nada me enoja más que...»

«Lo que más le gusta a la gente de mí es...»

«Me siento mal cuando...»

«Me gustaría que me tomaran una foto cuando...»

«La gente piensa que soy...»

«Lo que realmente me causa problemas es...»

«Me veo como un...»
«La gente que me dice lo que tengo que hacer...»
«Soy feliz cuando...»
«No puedo...»
«Me pongo nervioso cuando...»
«Me da miedo...»
«Me gusta...»
«Me gustaría...»
«Mi mayor preocupación es...»
«Creo que mi futuro es...»
«Deseo...»
«El animal que más me gustaría ser es...»
«Las dos cosas más importantes que he visto son...»
«Quisiera saber...»

17

CÓMO SER FELIZ
TODO EL TIEMPO

Dios le da a cada ser humano el potencial para ser perfectamente feliz todo el tiempo. La primera vez que dije eso, los rostros cambiaron. La gente parecía no entender.

Un hombre dijo, en un susurro lo suficientemente fuerte para que todo el mundo oyera, incluso yo: «Dice eso porque no vive lo que estoy viviendo yo. Si así fuera, no diría que todos tenemos que ser felices todo el tiempo».

Mi amigo, le aseguro que es posible ser feliz siempre, pero tiene que entender la diferencia entre felicidad y contentamiento. Este último es un estado del ser que depende de circunstancias y situaciones externas favorables. Así, el nivel de contentamiento de una persona varía de acuerdo a la fluctuación de las circunstancias en su vida.

Por otro lado, felicidad, gozo y paz dependen del estado interno de la persona. La verdadera fuente de la felicidad es una confianza y una relación permanente con el Padre. La felicidad no depende de las circunstancias favorables. Permanece a pesar de lo que acontezca en la vida.

Por ejemplo, hace poco sufrí una tendonitis y resfriado. El dolor y la fiebre no eran cosa que me mantuvieran muy contento, pero dentro de mí había un gozo y una felicidad que parecían una fuente de agua continua. En medio del dolor y del sufrimiento alababa a Dios, porque mi felicidad no depende de que todas las circunstancias de mi vida sean color de rosa.

Satanás me dijo: «Fíjate en tu dolor». ¿Cómo puedes estar gozoso?» El dolor era ciertamente real, pero el gozo del Señor, que es mi fortaleza (Nehemías 8.10) lo era más.

> *La felicidad no depende de las circunstancias favorables.*

Hace un tiempo, escribí a Joni Erickson invitándola a que hablara en nuestra iglesia. Me contestó que no podía aceptar la invitación porque por esos días contraería matrimonio. Joni es feliz. Claro, a ella le gustaría recuperar el uso de sus extremidades. Ser cuadripléjica no es cosa fácil, pero la felicidad no tiene nada que ver con ser cuadripléjica.

La felicidad no tiene nada que ver con tener cáncer terminal. Una persona puede tener una enfermedad muy seria y aún así ser perfectamente feliz cada momento. Aún la muerte de un ser querido no tiene por qué robarnos el gozo y la paz.

Estuve en una funeraria con una querida hermana que perdió a su madre. Ella me dijo:

—Tengo que ser anormal.

—¿Qué quiere decir? —le pregunté.

—Amo a mi madre con todo el corazón —contestó—. La extraño. Fue muy buena conmigo. La necesito, pero hay un gozo tan grande dentro de mí que no puedo quitármelo. Literalmente, me inunda.

—Así es exactamente como tiene que sentirse, le corroboré.

Cuando mi mamá falleció, dirigí el funeral y al final invité a los que quisieran aceptar a Cristo. Dieciocho personas se entregaron al Señor aquella noche. Creo que esas son ocasiones preciosas para hacer llamados al altar.

Si un querido amigo fallece, le aseguro que lloraré, porque la muerte produce una separación que provoca una depresión normal. O tal vez lo extrañe y sufra por su partida. Jesús lloró ante la tumba de su amigo Lázaro. Pero en medio de las lágrimas, diré: «Señor, él me ganó. Yo quería llegar al cielo antes que él y se fue primero».

Ir a estar con el Señor es un gozo. Uno se lamenta por la pérdida de un amigo, pero regocíjese porque él ya está con el Señor.

Aprenda a estar contento

No lo digo porque tenga escasez, pues he aprendido a contentarme, cualquiera que sea mi situación. Sé vivir humildemente, y sé tener abundancia; en todo y por todo estoy enseñado, así para estar saciado como para tener hambre, así para tener abundancia como para padecer necesidad (Filipenses 4.11-12).

El apóstol Pablo sabía cómo caminar en gozo a pesar de las circunstancias. Sabía que su felicidad jamás dependería de las cosas que poseyera.

Dios quiere que usted sea feliz aun en medio de las incomodidades, las derrotas y las dificultades. Ese es un principio bíblico para la salud mental.

Mientras más pronto aprenda esto, más libre será para vivir una vida abundante. Si puede entender y hacer suyos los versículos anteriores, muchos de sus conflictos con la autoestima, las angustias o la depresión se resolverán.

Lo repetiré una vez más: Dios quiere que usted siempre sea feliz. No hay excusa para que el cristiano sea un miserable. Somos hijos de Dios. No nos satisfacemos con lo que produce alegría; estaremos satisfechos solo cuando seamos continuamente felices. Pablo dice: «Me gozo en lo que padezco por vosotros» (Colosenses 1.24).

Es una mentira del diablo pensar que debemos vivir siempre inquietos. ¡No lo escuche! Esa también es una mentira del humanismo.

Tengo seis hijos y quince nietos, y toda mi intención es que, hasta donde me sea posible, sean felices. Proveeré para sus necesidades. Los amaré y les daré seguridad y respaldo aun si llegan a los noventa años de edad. Mientras viva, haré lo que pueda para que sean felices. Son mis hijos y los amo.

Nuestro Padre celestial hace exactamente lo mismo. Él quiere que usted sea feliz. Eso no significa que no habrá sufrimiento, dificultades, momentos de desesperación y depresión. Habrá ocasiones cuando deseará escapar de todo.

Permítame por un momento, moverme de la sicología a la teología para asegurarle que sus errores, incluso los fracasos causados por su necedad y su desobediencia, son usados por Dios para su gloria y para su bien. De modo, que incluso, tales cosas no tienen por qué robarle su gozo en el Señor.

Debe creer la Palabra de Dios cuando afirma: *Y sabemos que a los que aman a Dios, todas las cosas les ayudan a bien; esto es, a los que conforme a su propósito son llamados* (Romanos 8.28).

> Los cristianos son a prueba de catástrofes.
> Porque su seguridad no está en las cosas sino en el Señor Jesucristo.

Pablo sabía que su felicidad nunca dependería de lo que tenía o deseara tener. Nada, absolutamente nada, de lo que usted tenga añadirá o restará algo a su verdadera felicidad. En efecto, en el momento en que usted ponga su confianza en las posesiones o en su conocimiento y capacidad, invitará a la catástrofe para que lo visite. ¿Los cristianos son a prueba de catástrofes? ¡No! ¿Por qué? Porque su seguridad no está en las cosas sino en el Señor Jesucristo.

Un hombre puede ser dueño de muchos edificios y empresas, pero si tiene sus ojos puestos en eso y no en Jesús, cuando venga un terremoto financiero o los negocios fracasen, habrá perdido la fuente de su gozo.

Si la próxima semana llego a mi casa y encuentro que un terremoto la destruye indudablemente que alabaré a Dios, porque yo soy a prueba de catástrofes. Mi felicidad no depende de una casa o de un carro ni de cualquier otra cosa porque mi gozo tiene sus raíces en el Señor Jesucristo. No soy nada; por lo tanto, no tengo nada. Todo pertenece al Señor, por lo tanto, no me preocupa nada de lo que pueda ocurrirme.

Eso es lo que el apóstol quiere decir cuando escribe en Filipenses 1.21: *Para mí el vivir es Cristo, y el morir es ganancia.* Mientras más observo a Pablo más me convenzo de la tremenda salud mental que tenía. Jesús disfrutó de perfecta salud mental y emocional porque era libre y eso le daba gozo perfecto todo el tiempo.

Por eso, sin ser un hipócrita o sin pretender nada, Pablo pudo decir: *No lo digo porque tenga escasez, pues he aprendido a contentarme, cualquiera que sea mi situación* (Filipenses 4:11). Pablo, no nació abnegado; su actitud generosa fue una conducta que aprendió. Le costó trabajo, pero alcanzó ese estado de satisfacción.

Quienquiera que aprenda como Pablo a estar satisfecho en cualquier situación recibirá tremenda sanidad por parte de Dios. La sanidad profunda viene al apropiarse de esas palabras. Le desafío, en el nombre de Cristo, a que se rinda a Él.

Pero recuerde, el gozo perfecto es una conducta que se aprende. Y no hay que ir a la universidad para ello. Solo lo aprenderá hincado de rodillas, entregándose a Cristo y diciéndole: «Señor Jesús, permíteme experimentar profundamente lo que significa estar rendido. Y entonces, Señor, sea cual fuere el estado en que me encuentre, alabaré tu santo y glorioso nombre».

Venga y muera

Muchas personas creen erróneamente que el cristianismo es algo fácil. Pero no es cierto; ser cristiano exige mucho.

Muchos creyentes quieren el gozo del cristianismo, pensando que no cuesta nada. Pero también se dan cuenta que el cristianismo verdadero siempre termina en la cruz. Si no termina allí, es un seudocristianismo. Jesús dijo: *Si alguno quiere venir en pos de mí, niéguese a sí mismo*, tome su cruz, *y sígame* (Mateo 16.24).

La tradición protestante nos adiestra para pensar que nuestra salvación es gratuita y que el cristianismo debe ser algo sencillo. Es cierto que la salvación es gratuita, pero el *discipulado* es costoso.

Dietrich Bonhoeffer tenía razón al afirmar: «Cuando Dios llama a alguien, lo llama a venir y a morir». Y el apóstol Pablo lo confirma cuando dice: «Yo muero cada día».

La muerte siempre ha sido dolorosa y vivir para Cristo tiene un costo personal. Un pastor puede pagar el precio de no estar en casa cuando toda la familia se reúne al calor de la chimenea durante una fría noche de invierno. En lugar de eso, saldrá al frío para asistir a una reunión donde se hablará de la Palabra de Dios. Le costará, pero el precio vale la pena.

Algunos tenemos una cruz liviana, comparada con la de otros en el resto del mundo.

Cierta vez ministraba en una remota aldea de la jungla colombiana a la que solo se podía llegar en avioneta o a caballo. Un joven y su hermana, que habían cabalgado a través de la selva durante horas, para asistir a las reuniones, se acercaron a mí. Fue entonces cuando él joven me pidió: «¿Sería tan amable de orar por mi hermana? La pobre tiene un terrible dolor de muelas. Ella quiere ser sanada para poder estar en las reuniones y aprender de la Palabra de Dios».

Cuando me fijé en el evidente dolor que se advertía en el rostro de la joven, me sentí tan inferior. Estos jóvenes hicieron un tremendo sacrificio para llegar a la reunión. Y sabía que cuando el culto terminara a eso de las diez de la noche, tendrían que regresar a su casa cabalgando de nuevo por la selva, expuestos a toda clase de peligros.

Me sentí tan indigno de siquiera orar por esa joven, que empecé a llorar. Finalmente, puse mi mano sobre el rostro de aquella niña. «Señor», dije, «¿quién soy yo para orar por esta preciosa hija tuya que está dispuesta a pagar tan alto precio por venir a escuchar la Palabra de Dios?»

En ese momento y mientras reconocía mi indignidad, toqué su rostro hinchado. El dolor se fue instantáneamente y nos gozamos con su sanidad. Me maravillé en el poder de Cristo Jesús al usar un vaso vacío para llevar a cabo sus propósitos.

La búsqueda de la tranquilidad

Todos queremos vivir una existencia apacible, un estado dichoso de tranquilidad y felicidad. Eso es posible, pero no se hará realidad en su vida a menos que haga un esfuerzo consciente por lograrlo.

Quietud no quiere decir silencio, es un estado de tranquilidad que viene cuando usted aprende a confiar. Es ser capaz de sentarse, quitarse los zapatos y relajarse. Seguramente habrá disfrutado de la tranquilidad de relajarse con amigos con quienes es placentero estar. Ciertas personas le dan la posibilidad de relajarse y disfrutar un estado de quietud y paz.

La palabra tranquilidad puede traer muchos otros términos a la mente: apacible, descanso, calma, sueño, apacentar, despreocupación. No hay quien no suspire por este estado de tranquilidad.

Jesús, con mucha sabiduría, dijo: *En el mundo tendréis aflicción; pero confiad, yo he vencido al mundo* (Juan 16.33). Lo que Él afirma aquí es que le provee tranquilidad pese a las turbulencias del mundo.

En sus esfuerzos por lograr la felicidad que buscan, muchos hombres han escrito numerosos libros. Pero de todo lo que se ha escrito, las únicas palabras que valen la pena recordar son las dichas por Jesús en las bienaventuranzas: *Bienaventurados los pobres en espíritu* (Mateo 5.3-11), porque ellos encuentran la tranquilidad.

Bienaventurados son todos los que están conscientes de sus necesidades espirituales, porque de ellos es el reino de los cielos.

Pese a los problemas que tenga en su vida o con sus hijos; incluso, las cuentas que hay que pagar o los dolores de espalda que tiene que aguantar, declare que es feliz. La felicidad y los problemas no tienen nada que ver entre sí, de modo que *aprenda* a vivir en paz.

La salida

El hombre desea alcanzar la tranquilidad, la quietud y la paz. Freud dio origen a un principio que las escuelas seculares de sicología enseñan desde entonces. Él afirma que el deseo de volver al vientre de nuestra madre es inherente a cada uno de nosotros como una manera de huir de las presiones de la vida. Allí teníamos quietud, se nos alimentaba continuamente y la temperatura era siempre la adecuada. Un globo de agua nos circundaba, amortiguando todos los golpes. Era el deleite perfecto.

El principio de Freud, sin embargo, es humanista, y no lo podemos aceptar porque implica que la vida es depresiva, fatalista y sin esperanza. La única solución que ofrece este concepto fatalista es la muerte. Muere y entonces todo volverá a estar bien. Se supone que, después de la muerte viene la tranquilidad.

Si Freud se hubiera movido desde ese vientre o esa tumba al punto que indica la *Biblia*, habría descubierto cuán gozoso es ser cristiano. Es incluso divertido tener algunos conflictos y sufrir de alguna forma de neurosis, porque siempre hay una salida.

La Palabra de Dios nos muestra que la paz viene *antes* de la tumba, lo que significa que no hay que preocuparse por la muerte.

En la medida que Cristo Jesús llegue a ser el centro de su vida, aquí y ahora, empezará a disfrutar del cielo, al que llegará de igual manera. Entonces son válidas las siguientes palabras: «*Porque este Dios es Dios nuestro eternamente y para siempre; Él nos guiará aun más allá de la muerte*» (Salmo 48.14).

Esta es la perspectiva cristiana de una vida saludable. Cuando usted vive con Jesús, mira con tranquilidad la muerte que habrá de llegar, porque ella ya fue conquistada. Para los cristianos, morir no es nada más que estar eternamente con Cristo. *Y así estaremos siempre con el Señor* (1 Tesalonicenses 4.17).

Toda perspectiva humanista es pesimista. Por eso, cualquier sistema educacional que no se centre en Cristo produce confusión. Esto explica por qué el sistema educacional de los Estados Unidos ha fracasado, dejando una de las tasas más altas de divorcios, alcoholismo, suicidios y accidentes en el mundo.

La educación humanista es un fracaso. Jesús es la única respuesta que puede garantizar una sociedad estable con gente saludable. Ni la educación ni el dinero son suficientes.

En los Estados Unidos, uno en mil es millonario. Y miles tratan de suicidarse en un período de veinticuatro horas. ¿Por qué ocurre esto? Porque la educación humanista en universidades e iglesias adopta los principios del mundo y permite que los científicos seculares nos digan cómo pensar, sentir y actuar. Los cristianos no deberían caer en ese engaño.

> *Jesús es la única respuesta que garantizará una sociedad estable de personas sanas.*

El principio de Freud de que uno alcanza un estado perfecto de quietud y tranquilidad cuando muere, es un mito. Para el cristiano, la única verdad importante es que vive, aquí y ahora, disfrutando las bendiciones del cielo, aunque está seguro que algún día irá más allá, a la vida eterna con Cristo Jesús, nuestro Señor.

Cómo alcanzar la felicidad

Ser cristiano no es sencillo. Al contrario, es duro, lo sabemos. De igual manera, la felicidad no se alcanza sin esfuerzo y a menos que se obedezca la Palabra de Dios.

Ya vimos que cada cristiano puede ser feliz a pesar de las circunstancias, de las enfermedades y de las dificultades financieras. Es posible alcanzar ese estado de felicidad. ¿Pero cómo?

Primero, aprenda a perdonar.

Perdonar es otra conducta que se aprende y, por lo tanto, debe esforzarse para obtener los mejores beneficios de esa práctica. Si siente algún rencor contra alguien, esfuércese en perdonar a esa persona y echar fuera tal resentimiento. No espere que un ángel le dé una fórmula mágica que haga desaparecer resentimiento de pronto. Mejor vaya angustiado ante el Señor hasta que se sienta bien con esa persona. *Aprenda* a perdonar.

Segundo, si realmente desea la felicidad, aprenda a amarse.

Hablamos mucho de amar al Señor y eso es extremadamente importante, pero es necesario que se ame usted mismo. Jesús fue enfático al respecto cuando dijo: *Ama a tu prójimo como a ti mismo.*

Usted es importante. A los ojos del Señor es precioso.

Quizás piense: «Si me conocieras no creerías que soy tan precioso». Dios le conoce mejor que usted mismo y sigue creyendo que es precioso. Y como Él dice que usted es precioso, su responsabilidad es amarse y aceptarse tal como es. Empiece a aceptarse y a amarse ahí donde está.

Luego, para alcanzar un grado de felicidad permanente debe aprender a no justificar sus acciones.

No se justifique. Sólo Cristo justifica. No intente hacerlo por su cuenta. Eso lo deshumanizará.

Jesús vino para que usted y yo podamos ser realmente lo que El quiere que seamos. Cuando usted empieza a justificarse y a defender sus acciones, se hace menos humano, menos de lo que Jesús quiere que sea.

Por otro lado, cuando usted se responsabiliza de sus actos incorrectos y deja de culpar a otros por sus errores, se hace más humano a los ojos de Dios. Y crece. Un buen terapeuta lo ayudará a dejar de culpar a los demás y a empezar a aceptar su propia responsabilidad.

Hacerse responsable no es lo mismo que echarse la culpa. En vez de culparse, hágase responsable por lo que hace. No trate de justificarse. Al hacerse responsable ante Dios y ante usted mismo, crece espiritual y emocionalmente.

Finalmente, no busque la felicidad fuera de usted mismo.

Una de las mayores falacias del mundo es creer que si vive en cierto pueblo o maneja determinada marca de auto o asiste a tal o cual universidad alcanzará ese estado perfecto de deleite y felicidad. Eso no es verdad.

> *La felicidad tiene un nombre y ese nombre es Jesucristo. Jesús es felicidad y paz.*

Usted nunca alcanzará un grado mayor de satisfacción a menos que la encuentre en su propio corazón. No mire hacia afuera, observe *dentro* de usted.

No es su esposo o su esposa quien le quita el gozo. ¿Cómo podría quitarle algo que está dentro de usted? No permita que los conflictos en la familia o los problemas en el trabajo le roben el gozo. No deje que los desacuerdos en una relación o la dura experiencia de ver sus sueños frustrados le induzca a creer que alguien le ha robado la paz. Nadie puede hacerlo.

No permita que Satanás le engañe. *La felicidad está dentro de usted*. Si no la encuentra allí, no la busque en otra parte porque no la hallará.

Muchos cristianos piensan: «Si pudiera ir a tal o cual lugar sería feliz». No. No lo serán a menos que la felicidad viva en sus corazones. Déjeme repetirlo: La satisfacción, el gozo y la paz son internos, no externos.

En última instancia, la felicidad tiene un nombre; y ese nombre es Cristo, Él es la felicidad y la paz. *La paz os dejo, mi paz os doy; yo no os la doy como el mundo la da. No se turbe vuestro corazón, ni tenga miedo* (Juan 14.27).

Jesús es paz. Él es gozo. Es felicidad. Buscar y esforzarse por hallar esa paz solo es posible en Él.

Una vida cambiada

La gente casi siempre cree que puede cambiar por sí misma. Esto parece muy romántico, pero no hay evidencias de que sea cierto.

Muchos tienen la ilusión de que pueden cambiar si se lo proponen. Y puede parecer que cambian, pero la realidad dirá que sólo es una ilusión.

Ningún sistema de comportamiento humano modifica su conducta. Solo hay una Persona que puede hacerlo: Jesucristo, que es hombre y Dios. Y así como puede cambiar la naturaleza de usted para que sea como la del Padre, puede cambiar su vida.

La pura verdad es que sin Cristo no podemos hacer nada (Juan 15.5).

El hombre es un ser caído, incapaz de levantarse por sí mismo. Por eso necesitamos a alguien ajeno a nosotros que nos ayude. Cuando el cambio se produce, ocurre un milagro en nosotros.

Solo la verdad produce libertad; el amor no libera a nadie. Pero incluso la verdad en sí misma no es suficiente.

Sin amor, la verdad es una atadura emocional. La verdad es sólo efectiva cuando se impregna de amor.

En la *Biblia*, el amor y la verdad son tan inseparables como las naturalezas divina y humana de Jesús. Por eso podemos amar a Jesús y confiar en Él al mismo tiempo. Usted puede estar confiado, seguro de que nunca le fallará ni le dejará y que por el contrario, siempre lo aceptará tal como es.

Tres prescripciones diarias

Cuando termine de leer este libro quisiera animarle a que haga tres cosas cada día, las cuales le ayudarán a un crecimiento continuo, así como también a su bienestar.

Primero, hable con Dios tanto como pueda, al menos tres veces al día.

Note la preposición «con». Esto quiere decir que usted le habla a Dios y que Él le habla a usted.

Para tener un diálogo con Dios sus oídos deben ser sensibles a la voz de Él. Dios quiere comunicarse con usted en una forma clara y directa. Quizás no lo oiga de una manera audible, aunque a veces se comunica así.

Hay casos de alucinaciones auditivas en que personas mentalmente inestables creen que oyen voces, incluyendo la de Dios. Esto es síntoma de una ansiedad y depresión profundas y, por supuesto, debe ser tratado profesionalmente.

Sin embargo, los cristianos maduros, pueden discernir la verdadera voz de Dios. Lo más probable es que oiga una pequeña y suave voz que habla a su ser interior. Aprenda a escuchar esa voz. Habrá ocasiones en que será tan clara que no dudará de que el que habla es Dios.

Escuchar la voz de Dios es un testimonio interior del Espíritu Santo, que siempre podrá confirmarse a través de la Palabra escrita de Dios y el testimonio de otros cristianos maduros.

Segundo, hágase el hábito de leer una porción de la Palabra de Dios a diario.

Para muchas personas, el mejor tiempo es temprano en la mañana o tarde en la noche.

Lea el Evangelio de Juan varias veces hasta que la respuesta a la pregunta «¿Quién es Jesucristo?» sea una realidad en su vida.

Después del Evangelio de Juan, le animo a leer la Epístola de Pablo a los Romanos. Esta debería ser lectura básica para los cristianos nuevos, debido a que contiene los fundamentos de la vida cristiana.

Más que los veteranos, los nuevos creyentes son receptivos a aceptar lo que Dios tiene para ellos. Pareciera que mientras más pasa el tiempo, las pruebas de la vida tienden a formar callos en los cristianos y a hacerlos menos sensibles a la Palabra de Dios. Pero los bebés no hacen preguntas, simplemente aceptan.

Por último, lo animo a que le hable a alguien del amor de Jesús cada día.

Pídale a Dios que le presente a alguien cada día con quien pueda hablar de Cristo. Eso le permitirá ejercitar su fe y crecer espiritualmente. Le sorprenderán los resultados.

¿Qué quiere decir hablarle de Cristo a alguien? Sencillamente contarles a otros la vida que usted disfruta gracias a Él. Por favor, entienda que no se trata de predicar ni de convertir a nadie a la fe evangélica.

Cuando cuente lo que Cristo ha hecho en, y a través de su vida, la gente empezará a verlo en usted. Esto es muchísimo más efectivo para la otra persona que simplemente oírlo «hablar». Cuando lo haga, también estará ayudando a los demás a cambiar.

Comience de una vez

Una de las mejores afirmaciones sicológicas de la Biblia la observamos en las siguientes palabra de Jesús:

No os afanéis, pues, diciendo: ¿Qué comeremos, o qué beberemos, o qué vestiremos? [...] Así que, no os afanéis por el día de mañana, porque el día de mañana traerá su afán. Basta a cada día su propio mal (Mateo 6.31,34).

Jesús iba paso a paso. Trabaje hoy con un área problemática; quizás mañana tenga que continuar con el mismo asunto, pero lo importante es que comience hoy. Este es un proceso continuo, creciendo «de gloria en gloria».

Nuestra tarea en Teoterapia es ayudarle a comenzar. Después podrá progresar hasta que no nos necesite. Seguirá avanzando con el Señor. Usted y el Señor son mayoría.

Jesús dijo: *En el mundo tendréis aflicción, mas confiad, yo he vencido al mundo* (Juan 16.33).

La meta de la Teoterapia es ayudarle a ser un vencedor en el nombre de Cristo y a través del poder del Espíritu Santo actuando en usted, para que haga lo que es agradable a Dios el Padre.

18

IDENTIFIQUE A LOS VERDADEROS CULPABLES

Una dama que sufría dolores estomacales vino a verme y me dijo: «Nadie me cree, pero mi dolor es real. Y me hace sufrir. He visto siquiatras, pero no me han ayudado. Me hacen exámenes y no encuentran nada. Sin embargo, en este preciso momento, lo estoy sintiendo».

Dos horas más tarde, después de hablar de su profundo dolor, su coraje y su rechazo mientras que mantenía las manos sobre su estómago, le pregunté si era allí donde precisamente lo sentía.

Me dijo: «Sí, pero ya se me está pasando».

Después de muchos consejos, al fin logró confrontar su rechazo y aceptar a Cristo como su Salvador. Y el dolor se fue por completo.

La soledad, el rechazo, la frustración y la ira casi siempre son los verdaderos culpables del dolor y los síntomas en el cuerpo de la persona.

Muchas intervenciones quirúrgicas mayores se efectúan debido a que los síntomas no tienen una causa aparente. La soledad no se puede tratar con bisturí, pero mucha gente prefiere operarse, si eso significa que alguien se interesará por ellos.

Una persona solitaria dijo: «Si tuviera que escoger entre nada y sufrir, escogería sufrir».

La soledad es dolorosa. Hay personas que se someten a cirugía una, dos, tres y más veces porque solo así alguien las toca. Me pregunto cuántas veces habrán ido a nuestras iglesias buscando que alguien las toque o que se fijen en ellas.

Lamentablemente, la mayoría de los que asisten a la iglesia jamás ven a los «solitarios» debido a que están demasiado concentrados en sus propios conflictos. Los cristianos están tan ocupados atendiendo sus dolores que no ven al hermano sentado a su lado o a la hermana de enfrente.

La persona equilibrada

A través de este libro he presentado algunos de los principios de Teoterapia que uso en consejería. Es probable que se percate de que la Teoterapia enfatiza el concepto paulino de espíritu, alma, y cuerpo, según lo expone en 1 Tesalonicenses 5.23,

> Y el mismo Dios de paz os santifique por completo;
> y todo vuestro ser, espíritu, alma y cuerpo, sea guardado
> irreprensible para la venida de nuestro Señor Jesucristo.

En Teoterapia creemos que el espíritu y el alma son diferentes. También creemos que los conflictos están al nivel del alma y no al nivel del espíritu. Así vemos que los desórdenes emocionales impiden el libre fluir del espíritu y también afectan la parte física del hombre.

El hombre es una tricotomía: espíritu, alma y cuerpo. Para que sea sano en verdad debe estar íntegramente equilibrado. Esto quiere decir que debe ser libre espiritualmente, maduro emocionalmente y saludable físicamente.

La meta principal de la Teoterapia es dar libertad al espíritu para que alabe a Dios.

Cuando el hombre se exprese plenamente en el espíritu, podrá dar y recibir amor, perdonar y recibir perdón, ser entendido por otros y sentir profunda comprensión por los demás. Así estará en condiciones de presentar a Cristo con su vida.

No nos interesa simplemente enseñar a la gente los principios de la Teoterapia, por importantes que sean. Lo que más nos importa es ayudar a las personas a resolver sus necesidades y a que lleguen a ser instrumentos de Dios para ayudar a otros. Antes que pueda ayudar a otros tiene que tener conocimiento de sus propias necesidades.

Toda buena dádiva

La Teoterapia no es una forma simplista de tratar con la sanidad, ni es una sanidad superficial. Tampoco pretendemos tener todas las respuestas. Creemos que Dios ha revelado a muchas personas, cristianas e incrédulas, cosas y hechos hermosos.

Si Sigmund Freud escribió algo bueno y digno de usarse, lo usamos. Basamos este derecho de usar otras fuentes en Santiago 1.17, donde leemos: *Toda buena dádiva, y todo don perfecto desciende de lo alto, del Padre de las luces.* Primera Tesalonicenses 5.21 dice, además: *Probadlo todo, retened lo bueno.*

Este último versículo no puede referirse a la Biblia porque en ella todo es bueno; se refiere a fuentes diferentes a ella. Algunos principios de la sicología secular son buenos y no hay razón para que los cristianos les tengamos miedo.

Un sicólogo cristiano se escandalizó porque hablé del ego.

—No queremos oír nada de eso —dijo.

—¿Por qué? —le pregunté.

—Porque esa palabra la usa Freud, —me contestó.

—¿Qué palabra cree que debo usar? —le pregunté.

—Diga «Yo» —me replicó, y me pareció bien.

Nunca deje que la semántica le impida ayudar a alguien.

Sanidad para la persona en su totalidad

¿Cuáles son algunas de las diferencias básicas entre la Teoterapia y la sicología secular? Para tener un punto de referencia, le daré algunas definiciones concretas.

Teoterapia se define como:

Una modalidad ecléctica de consejería cristiana basada en principios bíblicos y sicológicos. Tiene como objetivo la salud integral de la persona necesitada, con el fin de capacitarla para aceptar y dar amor con mayor autenticidad. Amar auténticamente es amar sin egoísmos ni sentido de posesión.

Es necesario clarificar los conceptos incluidos en esta definición.

Teoterapia viene de la palabra griega que significa «sanidad de Dios».

Ecléctica también viene del griego y quiere decir «escoger de».

El término *modalidad* es una forma particular de consejería.

El concepto *salud integral* se refiere al equilibrio de espíritu, alma y cuerpo que hace que una persona sea saludable.

La *teología* trata de entender la naturaleza y características de Dios y su relación con el mundo creado, incluyendo al hombre.

Mientras la Teoterapia busca tratar a la persona como un todo, la *sicología pastoral*, tal como se enseña en la mayoría de los seminarios, toma la sicología y la teología y las pone a trabajar juntas. Lamentablemente, tal estrategia divide a la persona.

Por ejemplo, un hombre va al hospital aquejado de un dolor en el estómago. De allí lo mandan al laboratorio y a la sala de rayos X. Cuando los médicos terminan de examinarlo, dicen: «No encontramos nada malo en este paciente». Entonces lo manda al siquiatra, que le hace las preguntas y observaciones típicas y escribe su informe: «No encuentro nada anormal en esta persona». Este lo manda al capellán, que habla con él, escribe otro informe y lo deja ir. El paciente se marcha a su casa. Sigue deprimido y con el mismo dolor en el estómago.

> *La Teoterapia procura tratar al hombre como un todo: espíritu, alma y cuerpo.*

Cuando se sigue el procedimiento descrito, el resultado es la división en compartimientos de la personalidad. La teoterapia procura tratar al hombre como un todo: espíritu, alma y cuerpo.

Esta es la más importante diferencia entre la Teoterapia y la sicología secular.

Sicología cristiana versus sicología secular

Ser completamente sano es estar sano espiritual, emocional y físicamente. Nadie puede estar vivo espiritualmente sin un encuentro personal con Jesucristo. La sicología humanista, sin embargo, falla en su apreciación de los valores absolutos.

Todo esfuerzo humano, incluyendo el cristianismo humanista, (liberal) siempre termina en fracaso. Cuando el hombre es el centro, el resultado es siempre una actitud de arrogancia y orgullo hacia la vida. Y eso es precisamente lo opuesto al modelo dado por nuestro Señor Jesucristo que mostró humildad genuina y auténtica.

La esencia de la Teoterapia es guiar al hombre a una completa autorrealización en Cristo Jesús.

El sicólogo, o el siquiatra secular, casi nunca aceptan el punto de vista escritural del ser humano y a menudo consideran una fantasía el concepto cristiano del mundo espiritual.

Pero esos mismos sicólogos y siquiatras hablan de desórdenes sicosomáticos. Unen los aspectos físicos o «somáticos» con los «síquicos» o mentales. Olvidan que ese «algo» sicológico es una emoción intangible que no puede ser analizada en un tubo de ensayo. Y cuando llegan a la conclusión de que el llamado «problema sicológico» es sin duda un conflicto, lo hacen por inferencia. Pero no tienen forma de analizar o pesar una emoción.

Sin embargo, los cristianos, hablan de valores espirituales y aceptan la realidad del mundo espiritual básicamente en la misma forma que los secularistas aceptan la existencia del «alma» (siquis). Deducimos, por la experiencia y la información bíblica, que existe algo como el espíritu. Por lo tanto, aceptamos la existencia de demonios y podemos hablar de posesión demoniaca. Como en esta materia tenemos a la *Biblia* como evidencia autorizada, también sabemos por experiencia que existe un reino espiritual.

La Teoterapia acepta la realidad física tanto como las realidades sicológicas y espirituales; este concepto del ser humano es una tricotomía: espíritu, alma y cuerpo, lo que da a la Teoterapia su carácter diferente, como un modelo de consejería cristiana.

Personas en necesidad

Cuando las personas vienen a vernos buscando consejería no nos referimos a ellos como «clientes» o «pacientes» sino como *personas en necesidad*. Nuestra meta es llegar, por encima de la soledad o la depresión de la persona, a la verdadera profundidad de su enojo, sus miedos y sus rechazos. Al aplicar principios sicológicos y bíblicos sanos, ayudamos a la persona necesitada a alcanzar la mente de Cristo; una conciencia clara que le permita entender que puede vivir una vida más rica y más dinámica. Sus necesidades son resueltas mediante el uso de la Palabra de Dios y nacen nuevas esperanzas. Miles dan testimonio de esto.

Una apreciada joven, que había participado en varios seminarios de Teoterapia, cuenta el siguiente testimonio sobre los cambios en su vida:

«En los últimos quince meses estuve bajo profunda e intensa terapia. Fui a siquiatras cristianos, a sicólogos y participé en grupos de consejería en cuatro diferentes estados del país. En todo este tiempo, experimenté varias clases de consejería. Me sometí a exámenes mentales, a regresiones para «revivir» los recuerdos, registré todas mis emociones, hice cuadros y gráficos de mi vida y tomé diversas píldoras para los nervios y la tensión, entre otras formas de terapia.

»Durante todo ese tiempo, lo único que quería era volver a ser yo misma. Ninguno de los que consulté pudo pasar más allá de cierto punto. Quedaba en un estado de desaliento tal que muchas veces pensé en el suicidio».

»Desesperada, buscaba a alguien que pudiera darme una respuesta. Fue en esos días que conocí al doctor Mario E. Rivera Méndez, y la Teoterapia. Quince minutos en Teoterapia con él produjeron un profundo cambio en mi vida, más que los meses y el dinero que gasté por todas partes. Me sorprendí, pero no todo se resolvió en quince minutos».

»Lograr la salud mental requiere un gran trabajo. El doctor Rivera Méndez, me ayudó a aprender a identificar esas áreas profundas y oscuras de cosas inconclusas en mi vida. Las identifiqué, las toqué, las hice mías y las reemplacé con el amor de Jesús. No. No fue fácil. Es una batalla diaria. Pero es algo valioso, ¡vale la pena intentarlo!

»Muy lentamente, como melaza vertida con gotero, sentí que la vida volvía a brotar dentro de mí. Vi a una pequeña niña emergiendo de esos escombros humanos. Ahora estoy lista para entrar a la batalla. Me siento bien equipada. La victoria es mía».

Teoterapia no es un paliativo temporal. Requiere un trabajo duro, pero vale la pena. No es una fórmula de tres pasos fáciles para alcanzar la salud perfecta y ya, sino que los resultados permanentes producirán el cambio que usted necesita.

Fortalezca el ego

Uno de los principios que usamos en Teoterapia también lo emplean los sicólogos seculares. Sin embargo, a diferencia de ellos, en Teoterapia trabajamos con tres pasos en vez de uno, para fortalecer el ego de la persona.

El ego es esa parte suya que está en contacto con las demás personas. Ego, del griego, significa «yo» o «mí». Es lo que otros ven en usted.

Al fortalecer el ego, la persona se afirma a sí misma. Es necesario fortalecer el ego; de otra manera, el individuo se quebranta, se rompe y no puede operar. El ego frágil dice: «No sirvo para nada. Soy un inútil». Los que piensan y hablan de sí en esa manera revelan un ego muy débil.

Queremos que el ego sea fuerte, pero no que controle nuestras vidas. En sí, el ego es un dictador emocional. Insiste en que se le complazca. Quiere hacer las cosas a su manera y desea ser el centro. No acepta que el control lo ejerza Cristo.

El ego es exigente. Afirma: «Quiero lo que quiero cuando lo quiero». Le dice lo que quiere que usted haga. Es como un bebé que llora para atraer la atención, exigiendo que lo dejen hacer lo que le parece, sin que le preocupen otras personas u otras cosas.

Así que lo primero que hacemos en Teoterapia es fortalecer el ego. Permítame darle un ejemplo de esto.

Un hombre de apariencia descuidada asistía a una iglesia en la que yo ministraba. Por su aspecto era obvio que se tenía poco respeto y que se sentía inferior. Siempre estaba bromeando, haciendo que la gente se riera de sus picarescas observaciones. Como resultado, llegó a ser el payaso, el bromista, y todos lo llamaban así.

> *El ego débil dice:*
> *No sirvo para nada.*
> *Soy un inútil.*

Yo lo llamaba por su apellido. Un día, le dije: «Señor fulano de tal, ¿tendría la amabilidad de recolectar las ofrendas?»

Se sorprendió. Nunca esperó que le pidiera algo así, pero pasó al frente y lo hizo. Algunas semanas más tarde, le volví a pedir lo mismo.

Después, le pregunté:

—¿Cree que puede dirigirnos en una oración?

—No. No sé cómo orar —me contestó.

—Solo diga: Señor, no sé cómo orar. Gracias, en el nombre de Jesús.

—¿Es eso todo lo que tengo que decir? —replicó.

—Eso es todo cuanto tiene que decir —asentí.

Se levantó, y reverentemente, oró:

—Señor, no sé cómo orar. Gracias, en el nombre de Jesús.

La próxima vez que vino a la iglesia lo hizo vistiendo traje y corbata; además, ya no hizo chistes. Ahora estaba lleno de verdadero gozo y no necesitaba encubrir su inferioridad haciéndose el payaso. La gente empezó a observarlo. «Está muy elegante. ¡Qué cambio!», dijo alguien. Logró un nuevo respeto para sí.

Después que su ego se fortaleció y empezó a respetarse, entendí que estaba en condiciones de aceptar que era pecador.

Así que le dije: «Quiero que sepa que toda su justicia no es más que un montón de trapos de inmundicia».

Eso fue exactamente lo que Jesús hizo con la mujer sorprendida en adulterio. No le dio una conferencia; simplemente le dijo: «¿Dónde están los que te acusaban? Yo no te condeno».

Primero, la aceptó tal cual era. Fortaleció su propio respeto, su autoconfianza y su autoestima. Pero luego añadió: «Vete, y no peques más». Con eso, Jesús le dijo: «Eres una pecadora. Vete, pero no peques más». No la condenaba, le expresó su amor.

Así es como usamos las defensas del ego. Ayudamos a las personas a edificarse, mostrándoles el modo de respetarse y aceptarse tal como son. Luego procedemos a la segunda parte: Ayudarles a enfrentarse auténticamente con ellos mismos, pero sin condenarse.

El humanismo, por otra parte, fortalece el ego, lo mantiene en el centro y, como resultado, la persona se convierte en un ser egoísta.

El homosexual, por ejemplo, busca ayuda con el sicólogo secular. Este le dice que esa es su forma de ser, que lo acepte, que se sienta orgulloso de ser como es y que siga viviendo. Su situación se considera un estilo de vida, y se le dice: «Bueno, si crees que puedes ser un homosexual con éxito, está bien. Si prefieres ese estilo de vida, no hay problemas. Sigue con tu vida de homosexual».

Como lo analizamos en un capítulo anterior, vemos a los homosexuales cómo son liberados de su atadura. No tienen por qué quedarse en ese estado lamentable. Dios tiene una salida para ellos.

Sanidad sobrenatural

En estos días de café instantáneo, comida rápida, aviones a retropropulsión y computadoras, no estamos acostumbrados a esperar. Un deseo o capricho puede satisfacerse al momento. La virtud de la paciencia pasó de moda. Este concepto de gratificación instantánea invade nuestro pensamiento en todas las áreas.

Por supuesto que Dios puede efectuar una sanidad instantánea, pero la mayoría de las veces la sanidad es un proceso. Él tomó a Saulo de Tarso, lo sanó y lo convirtió de súbito. Con otros, Dios puede quebrantar sus duros corazones poco a poco. Conozco personas a quienes la salvación les ha tomado años.

Dios no está limitado. No debemos pensar que actuará únicamente según nuestros planes preconcebidos.

Sin embargo la sanidad emocional, no ocurrirá con un chasquido de los dedos. Requiere tiempo, perseverancia y paciencia. Pero debemos recordar que toda sanidad procede de Dios. Y la provee en una de dos maneras: sanidad divina o sanidad sobrenatural.

Con la *sanidad divina*, Dios cura a través de un instrumento como un médico, la medicina, un siquiatra, un pastor o la Teoterapia. En la *sanidad sobrenatural*, Él no usa instrumentos para llevar a cabo lo que quiere.

Hace poco, una joven me habló de la sanidad sobrenatural que experimentó en sus emociones. Siempre se chupó el dedo pulgar. Ninguna cantidad de remedios, consejos, ni fuerza de voluntad pudieron aliviarla de aquel hábito obsesivo que le robó la paz y la felicidad por años. Ni siquiera el matrimonio la ayudó.

Un día, después que ella y su esposo ayunaron y oraron por otro asunto, sanó instantáneamente de su vicio. Perdió el deseo de chuparse el dedo y nunca más volvió a ese hábito infantil. Su rostro se veía radiante mientras testificaba del milagro de Dios y su sanidad sobrenatural.

Todo don perfecto viene de Dios. La *sanidad sobrenatural* ocurre cuando Dios sana sin la intervención de algo o alguien.

Algunos problemas mentales y emocionales solo pueden sanar sobrenaturalmente porque su fuente es el resultado de una fortaleza espiritual maligna. En Teoterapia aceptamos la posibilidad de algunos desórdenes causados por influencias demoniacas.

La Teoterapia une la teología y la sicología para trabajar juntas, en vez de pelearse entre sí. Hoy día, más y más sicólogos ven con objetividad la influencia demoniaca.

Al escribir en la revista *Eternity* [Eternidad], un profesor de teología y sicólogo «de la escuela de sicología de Carl Jung» de la Universidad de Notre Dame, señaló: «La sicología clínica ofrece evidencia visible directa que lo que las iglesias afirman acerca de fuerzas y poderes angelicales [...] demonios y espíritus malignos son algo en verdad real. (Traducción del autor).

Lleve el ego a la cruz

Para desplazar al ego, como vimos, primero debemos ponerlo en el trono y fortalecerlo. De inmediato, y con la Palabra, lo desplazamos llevando a la persona a que entienda que hay uno más sabio que él, alguien que es omnipotente y omnipresente.

Prestemos atención ahora al tercer paso. Siempre que algo se desplaza produce un vacío. Por eso, no solo desplazamos al ego, sino que llenamos el vacío dejado por su desaparición. ¿Cómo lo hacemos? Guiando a la persona a la cruz.

Todos los seres humanos fueron creados por Dios, por lo tanto, sin Él hay un vacío que solo Él puede llenar. Cuando se desplaza el ego, el resultado es vacuidad. La personalidad no la tolera. Es necesario sustituir el ego.

Una mujer que durante años fue tratada por un siquiatra, se sorprendió cuando le dije que tenía que desplazar el ego. «¿Qué quiere decir con eso de desplazar el ego? He gastado una fortuna fortaleciéndolo ¿y ahora usted quiere que lo desplace?»

«Exactamente», le dije. «Cuando su vida es controlada por el Espíritu Santo, entonces Jesús es su Señor, y el vacío se desvanece. Esto es lo que la libera para disfrutar el gozo verdadero».

Jesucristo es la verdadera y única respuesta a la horrible vacuidad del ser humano. La persona está separada de Dios, y eso provoca el vacío en su corazón. Solo Jesús puede llenar tal vacío.

Isaías 41.10 describe lo que debe ser una realidad en su vida: *No temas, porque yo estoy contigo; no desmayes, porque yo soy tu Dios* que te esfuerzo; siempre te ayudaré, *siempre te sustentaré con la diestra de mi justicia.*

El ego es un atormentador y un dictador. Jesús nunca lo ha sido ni lo será. Él siempre invita. *Venid a mí todos los que estáis trabajados y cargados, y yo os haré descansar* (Mateo 11.28).

Jesús no es un dictador sino el más grande anfitrión. Él quiere tomar el lugar de su ego de modo que pueda decir: *Con Cristo estoy juntamente crucificado, y ya no vivo yo [ego], mas vive Cristo en mí; y lo que ahora vivo en la carne, lo vivo en la fe del Hijo de Dios, el cual me amó y se entregó a sí mismo por mí* (Gálatas 2.20).

En la sicología secular, el paciente desarrolla una dependencia del sicólogo. En Teoterapia no lo permitimos.

La persona necesitada debe depender del Señor Jesucristo. Todo afecto y dependencia debe transferirse a la Fuente más importante: el Señor Jesucristo, que es el verdadero sanador.

Muchas personas tienen enojo y resentimiento en sus corazones. La Teoterapia ayuda a derrotar esos desórdenes y a desterrarlos de la vida, abriendo la puerta a una buena relación con el Señor. Y así llegar a ser saludable emocional y espiritualmente. Ese es el objetivo principal de la Teoterapia: Establecer una relación saludable entre el individuo y nuestro Señor.

19

EL CICLO DE SANIDAD

Un analgésico puede calmar el dolor de cabeza, pero si la causa del dolor es una presión en el cerebro, seguramente usted no querrá quitar el dolor, que es un síntoma, sino eliminar la presión que le hace sufrir.

En el Señor, igualmente, no son suficientes los paliativos, los pequeños remedios que puedan aliviar por momentos. Los cristianos deberían dejar de seguir usando la *Biblia* como una venda espiritual. Es esencial que vayan al fondo y erradiquen la verdadera causa tras los conflictos superficiales y la depresión, o lo que sea, que les cause angustia interior.

¿Cuántas veces ha ido a la iglesia o a una reunión, ha oído el mensaje, ha sentido que todo está bajo control y luego vuelve a casa para darse cuenta de que no es así? La frustración y el sentimiento de culpa le corroen debido a esa incoherencia. Así que vuelve a la iglesia para otra dosis de entusiasmo con sus efectos limitados. Un torbellino de búsqueda e intentos que nunca llega a su fin.

Muchos andan de conferencia en conferencia, de seminario en seminario, y escuchan incontables grabaciones, pero nunca parecen sentirse satisfechos. «Siempre aprendiendo, pero nunca llegan a la verdad». Para ponerlo en términos sicológicos, siempre escuchan las palabras pero nunca *hacen suyo* lo que escuchan.

Más de sesenta millones de personas, en los Estados Unidos, asisten cada domingo a la iglesia, y muchos salen vacíos e insatisfechos. La Teoterapia es una forma de ayudar a las personas a entender que no tienen por qué vivir siempre en zozobra emocional y espiritual.

¿Qué le hace libre?

La mayoría hemos oído sermones breves que dicen que el amor sana las heridas y libera a las personas. Quizás le hayan dicho que si anda en amor como Jesús, no tendrá conflictos ni perturbación alguna.

Creo en que debemos andar en amor y, por cierto, predico y enseño eso, pero en ninguna parte de la Biblia se nos dice que el amor libera. Juan 8.32. afirma: *Y conoceréis la verdad, y la verdad os hará libres.*

Sé que Jesús es la encarnación del amor, pero Él vino para ser la Verdad. Nunca podrá liberar a nadie a través del amor. Por otro lado, la verdad sin amor es dictadura emocional. Es cierto que el amor es necesario cuando la verdad se trasmite a la «persona necesitada».

Usted puede ser muy honesto sin amor y ser de muy poca utilidad. La verdad sola no edifica a nadie. Puedo decir la verdad sin amor a alguien, y herir sus sentimientos profundamente y puede causarle daño. Usted puede decirle la verdad a un niño, y con ella destruirlo.

Ese es el problema con el moralista, que insiste en la verdad. Los fariseos eran moralistas. El moralista se interesa más en la verdad que en la persona a quien le comunica la verdad. Por eso Jesús no es un moralista.

Cuando los fariseos encontraron a la mujer cometiendo adulterio, estaban decididos a aplicar la verdad de la ley escrita que decía que una persona sorprendida en adulterio debía ser apedreada hasta la muerte. Pero el Hijo de Dios, operando en el principio de verdad en amor, dijo que el hombre que estuviera sin pecado lanzara la primera piedra. Aquello hizo añicos el principio moral legalista.

La ley y la verdad son para usted, pero deben ser acompañadas por el amor.

Sanos para luchar

Si le preguntara el color de la depresión, probablemente me diría que es gris, negra, o café, en lugar de verde, amarilla o roja. Por eso la *Biblia* dice: *El que anda en tinieblas, no sabe adónde va* (Juan 12.35).

La clave para sanar mientras se camina en estas tinieblas o en la depresión es confiar, agarrarse de Dios y caminar en la dirección que Él le lleve. Solo Él puede proveer la forma de tratar los conflictos en su vida y mostrarle la luz de su sanidad maravillosa al final de ese túnel oscuro.

El discernimiento dado por Dios y los conceptos de Teoterapia se complementan para ayudarle a confrontar con éxito sus conflictos no resueltos. Todos los seres humanos tenemos conflictos de una u otra clase.

La vida se inicia con un conflicto; el proceso mismo del nacimiento es traumático. El bebé tiene que dejar su seguridad y pasar a través de un canal que es demasiado estrecho. Por eso los médicos, a veces, tienen que usar fórceps (tenazas). Ese bebé experimenta tal presión física que si un adulto se viera sometido a algo igual, seguramente moriría.

En su gran sabiduría y discernimiento Dios hizo que el nacimiento fuera un proceso tan perfecto y coordinado que cuando el bebé va a nacer, la presión externa y la interna del vientre estén equilibradas. Cuando por alguna razón no lo están, como ocurre a veces en los partos por cesárea, el bebé puede nacer demasiado rápido. Esto afecta el flujo de oxígeno y puede causar parálisis cerebral.

Hasta ahora, más de cinco mil personas han recurrido a la Teoterapia. El cincuenta y uno por ciento de los que han venido a verme a mí y a los otros terapeutas habían acudido a otros siquiatras o sicólogos seculares. El noventa por ciento de ese cincuenta y uno por ciento ha reportado, alivio absoluto de sus conflictos, gracias a la Teoterapia.

Estas estadísticas prueban que la Palabra de Dios es confiable como un recurso científico. Por lo tanto, los cristianos no tienen que fingir, recurrir a la emoción o preparar experiencias para probar que Dios actúa hoy. La *Biblia* y sus principios en acción proveen evidencia de que Dios es real, y en el presente, su poder sanador está en plena actividad.

Que el cirujano haga su trabajo

¿Ha oído alguna vez a alguien decir que la *Biblia* contiene la Palabra de Dios y poder de sanidad? Eso es incorrecto. En Teoterapia creemos que la *Biblia es*, no *contiene*, la Palabra de Dios, y que *es sanadora* en vez de que *tiene* poderes curativos.

Si no usamos apropiadamente la Escritura en nuestras vidas, somos nosotros los que fallamos, no Dios. La Biblia *es* la Palabra de Dios y, por consiguiente, es una fuerza sanadora poderosa. Si nos resistimos a creer eso, el resultado será enfermedad y miseria.

Usted debe dejar que la Palabra de Dios, esa espada de dos filos, sea el bisturí del Espíritu Santo. Ella corta profundo pero al mismo tiempo abre las heridas para tratarlas. Solo entonces puede comenzar la verdadera sanidad. Si quiere alcanzar la sanidad, debe reconocer y enfrentar sus conflictos.

No es nada agradable ver cómo el bisturí penetra en la piel y lleva a cabo la cirugía en el tumor de la persona, pero es necesario hacerlo para que ella viva. De igual manera, mientras el proceso de sanidad interior se desarrolla, es probable que las emociones queden al descubierto y el conflicto resultante sea momentáneamente desagradable, pero ese es el camino para la verdadera sanidad.

Cuando la Palabra de Dios llega a ser el gran bisturí que opera a fondo las heridas emocionales, debemos dejar que el Espíritu Santo lleve a cabo el procedimiento indispensable para explorar y eliminar cualquier raíz que esté causando los problemas.

A medida que entre en las dinámicas profundas de la Teoterapia, podrá expresar cosas que antes no podía. *(Dinámicas son encuentros de grupos que permiten experimentar a nivel de percepción [el tercer botón de la camisa al que apuntaba aquel predicador, p. 234] lo que ha aprendido acerca de sí mismo a nivel del intelecto.)* Vale la pena el dolor que se experimenta cuando la sanidad es profunda porque así se puede llegar a ser un mejor siervo de Cristo.

A medida que avance en este proceso, recuerde que la fe es básicamente un asunto del corazón, un proceso continuo de crecimiento y de identificación con Jesucristo. Por eso el cristiano nunca se gradúa. No es cuestión de realizar un curso, recibir un diploma y que le digan: «Ya se graduó; ahora puede decir que es cristiano».

El apóstol Pablo lo dijo muy claramente: «Hermanos, yo mismo no pretendo haberlo ya alcanzado; pero una cosa hago: olvidando ciertamente lo que queda atrás, y extendiéndome a lo que está delante, prosigo a la meta, al premio del supremo llamamiento de Dios en Cristo Jesús» (Filipenses 313-14).

En otras palabras: «En Jesús siempre hay más».

Instrumentos de Dios para sanidad

El instrumento más importante de Dios para sanar al mundo *no es* la siquiatría; la sicología, ni la consejería. Es la Iglesia del Señor Jesucristo.

Cada hombre cristiano, cada mujer, cada niño y niña deberían ser instrumentos de Dios para sanidad de las naciones. Tendremos en nuestras manos el poder sanador si primero dejamos que nos sane. Después de eso podremos extender esa sanidad a otros. La Iglesia es un hospital divino para la gente que quiere crecer y ser sanada.

El instrumento más importante de Dios para sanar al mundo es la Iglesia del Señor Jesucristo.

Cuando una persona está en buena relación con el Padre, con los demás y consigo mismo, quiere hablar de Jesús a otros. Y al hacerlo influye en la comunidad. La gente querrá visitar la iglesia a la que asisten las personas gozosas y, como consecuencia, la iglesia crecerá porque los miembros son sanos. Por tanto, podrán hablar de Cristo en lugar de estar, como antes, preocupados por sus conflictos internos.

Un viejo predicador pastoreaba una iglesia que estuvo siempre muy concurrida. Un joven pastor le preguntó: «¿Por qué su iglesia está llena todos los domingos y la mía está medio vacía?»

El piadoso pastor le respondió: «Hijo, la única diferencia es que cuando tú predicas, apuntas a la cabeza. Yo apunto al tercer botón de la camisa».

¿Quién necesita sanidad?

Se ha dicho que el ochenta y cinco por ciento o más de todas las enfermedades son de origen sicológico. El cuerpo de las personas se enferma porque no confronta sus conflictos, tensiones y heridas internas en una forma satisfactoria. Es responsabilidad de la iglesia ser una comunidad sanadora y redentora, un lugar donde la gente encuentre sanidad a nivel emocional.

En el ministerio de Jesús vemos esta dedicación integral al ser humano total; al predicar (al espíritu), enseñar (al alma) y sanar (el cuerpo). Los siguientes versículos cubren toda el área de este ministerio:

Vino a Nazaret, donde se había criado; y en el día de reposo entró en la sinagoga, conforme a su costumbre, y se levantó a leer. Y se le dio el libro del profeta Isaías; y habiendo abierto el libro, halló el lugar donde estaba escrito: El Espíritu del Señor está sobre mí, por cuanto me ha ungido para dar buenas nuevas a los pobres; me ha enviado a sanar a los quebrantados de corazón; a pregonar libertad a los cautivos, y vista a los ciegos; a poner en libertad a los oprimidos; a predicar el año agradable del Señor (Lucas 4.16-19).

El triple ministerio de Jesús fue predicar, enseñar y sanar. «Recorría Jesús todas las ciudades y aldeas; enseñando en las sinagogas de ellos, y predicando el evangelio del reino, y sanando toda enfermedad y toda dolencia en el pueblo» (Mateo 9.35).

Sugiero que se invierta ese orden para el cristianismo del siglo veinte. Primero debemos sanar, luego enseñar y finalmente, predicar.

En los Estados Unidos se predica más en un día a través de los medios de comunicación que en el resto del mundo en un mes. Estamos saturados de enseñanza y predicación. Se venden más grabaciones, se escriben más libros, se dan más conferencias y hay más reuniones que en cualquier otro lugar en el mundo. Sin embargo, más de veinte millones de estadounidenses necesitarán este año ayuda siquiátrica. ¿Por qué?

Porque la iglesia no satisface las necesidades de la gente. En lugar de tratar de enseñarles y educarlos, deberíamos ayudar a hombres y mujeres a encontrar sanidad emocional de modo que puedan actuar adecuadamente como individuos, como padres, como esposos, esposas, ciudadanos y miembros responsables de la iglesia.

El mundo se está muriendo de una enfermedad llamada «desesperanza». Si vamos a ministrarle, es esencial que la iglesia del Señor Jesucristo, que es el instrumento de Dios para sanarlo, sea sanada de sus propias enfermedades.

Con frecuencia encontramos cristianos que tienen un gran amor por Cristo y que en verdad quieren entrar en el movimiento de Dios, pero sus experiencias traumáticas en la juventud o en la infancia los limitan. Son incapaces de funcionar como cristianos.

Más y más líderes de iglesias, pastores, esposas e hijos de pastores están buscando consejería. Es muy posible que una persona esté espiritualmente dedicada al Señor pero siga teniendo heridas emocionales abiertas.

Hubo un tiempo cuando la gente creía que no era así. Muchos pensaban: «Si te conviertes, si eres cristiano, al instante eres sanado emocionalmente. No hay nada malo en ti. Todo está bien». No encuentro tal principio en la Palabra de Dios. Al contrario, hallo una responsabilidad que el Señor espera que atendamos, la de la iglesia. No es tarea de Dios. Él no lo va a hacer por nosotros.

«¡Desátenlo!»

Permítanme explicarle con la Escritura por qué es cierto lo que le digo.

El versículo básico que usamos en Teoterapia está en el capítulo once de Juan, y habla de la humanidad del Señor Jesús. El versículo 35 dice: *Y lloró Jesús*. Cuando veo a Jesús llorando, observo su condición humana.

A Jesús lo habían llevado a la tumba donde Lázaro estaba sepultado.

> *Y habiendo dicho esto, clamó a gran voz: ¡Lázaro, ven fuera! Y el que había muerto salió, atadas las manos y los pies con vendas, y el rostro envuelto en un sudario. Jesús les dijo: Desatadle, y dejadle ir* (Juan 11.43-44).

Estas pocas líneas son ricas en instrucciones respecto a cómo enfrentar las heridas y conflictos emocionales.

Jesús, que es el único que imparte vida, habló con autoridad y mandó a Lázaro, que estaba envuelto en un sudario, que saliera. De inmediato ordenó a los que estaban allí que lo liberaran de esa atadura.

Jesús estaba diciendo: «Yo soy la vida, y puedo dársela a quien yo quiera. Lázaro, ven fuera y recibe esa vida». Los que estaban observando recibieron la orden de desatarlo y dejarlo ir. No fue Jesús quien lo desató, fue la gente que estaba allí.

Por lo tanto, es Jesús quien da vida a la persona perdida. El espíritu de la persona salvada está ahora vivo y si la persona muere, irá al cielo.

Sin embargo, es totalmente posible, y lo más probable es que, a pesar de su salvación, el cristiano siga viviendo envuelto en ataduras tales como falta de autoestima o experiencias del pasado. Esto lo hace un buen candidato para recibir liberación de su pobreza emocional. Necesita ser desatado. Pero, como Lázaro, primero tiene que «salir fuera». Solo si es liberado de sus «sudarios» del pasado que lo han mantenido atado experimentará la plenitud de la vida que Dios le da.

Es responsabilidad de la iglesia desatar las ataduras emocionales de la persona que ha dado un paso al frente y desea la libertad.

El Señor da vida, la iglesia quita las ataduras y las personas se convierten en hombres y mujeres de Dios responsables y confiables para liberar a otros. Es un hermoso ciclo: ser levantado de la muerte (muerte espiritual), liberado sicológica o emocionalmente, y luego hacer por otros lo que se hizo con uno.

La sanidad de la iglesia debe comenzar con la sanidad del individuo.

Cuando esto ocurre, la iglesia se convierte en una verdadera comunidad sanadora y redentora. (Si desea información sobre mi libro *The Church*

As A Redemptive and Healing Community, [La Iglesia como comunidad redentora y terapéutica], escriba a Teoterapia, PO Box 36- 3362, San Juan, Puerto Rico, 00936-3362, Att. Dr. Mario E. Rivera Méndez).

La sanidad de la iglesia debe comenzar con la sanidad del individuo. Una vez que ocurra eso, el efecto expansivo de la sanidad del individuo se extenderá por toda la iglesia para alcanzar finalmente a toda la comunidad. Entonces, y solo entonces, puede venir el avivamiento a la Iglesia de Cristo.

Lo que Dios espera de usted

La pregunta que debería plantearse ahora es: ¿Por qué estas verdades me fueron reveladas, y qué espera Dios que haga con ellas?

Un querido amigo mío resumió así la meta y propósito de la Teoterapia y la sanidad:

«Tu camino con Jesús en los días y años por venir serán muy preciosos ya que el propósito final de la sanidad es ser más como Él es. Al parecerte más a Jesús, te interesarás más «en los negocios de nuestro Padre». El propósito de tu sanidad es llegar a ser un instrumento sanador. En Mateo 10.8 Jesús dice: *De gracia recibisteis, dad de gracia.*

Dios está preparando la gran hora de avivamiento que a su tiempo específico vendrá sobre esta nación. Prepárese para ser parte de la solución. ¡Dios es la solución!

Recuerde: Usted no puede dar lo que no tiene. Solo si es sanado podrá ser un instrumento preparado en las manos de Dios para traer a esta nación el más grande despertar espiritual que se haya visto jamás.

Que Dios le bendiga y le guarde. Que haga resplandecer su rostro sobre usted y sea benigno con usted, precioso y amado en el Señor, y que le envíe a llevar sanidad a las naciones. En el Nombre de Jesús, sin quien no podríamos vivir y sin quien no enfrentaríamos a la muerte. Amén.

GLOSARIO

Ángulo de distorsión. En Teoterapia, la distorsión que ocurre cuando una persona dice una cosa y se escucha otra.

Clínica. En Teoterapia, experiencia de sanidad en la que una persona necesitada acude para que se le ministre.

Desplazamiento del ego. Poner a Cristo en el centro de la vida, en vez del yo.

Dinámicas. Interacción de fuerzas dentro de un grupo o un individuo.

Ecléctico. En Teoterapia, el principio que se encuentra en 1 Tesalonicenses 5.21; no limitado a una escuela de pensamiento, sino desarrollado de varias fuentes.

Ego. El yo. La parte de nosotros que está en contacto con nosotros mismos y con los demás.

Fobia. Miedo irracional con una ansiedad subyacente no resuelta.

Gestalt; transacción incompleta; «asunto inconcluso». Término usado para señalar una experiencia que no ha sido enfrentada en forma apropiada y completa.

Humanismo. Énfasis en el hombre como el centro de nuestra propia vida.

Internalizar. Percibir a «nivel profundo inconsciente».

M.I.P. En Teoterapia, el mínimo irreductible de la personalidad; es decir, esa parte de nosotros que no cambia, como es el espíritu.

Modalidad. En teoterapia, un acercamiento particular a la terapia.

Modelo neumosicosomático. Modelo indicado en 1 Tesalonicenses 5.23 donde el hombre se describe como espíritu, alma y cuerpo.

Neurosis. Incapacidad para amar o recibir amor en forma genuina.

Neurótico. Persona que pierde la capacidad de amar o de aceptar amor en forma auténtica.

Normalidad. Equilibrio entre las demandas de la vida y el potencial dado por Dios a cada persona.

Pasado activo. Experiencias subconscientes del pasado que continúan influyendo nuestra conducta.

P.I.N. En Teoterapia, persona en necesidad (de las siglas en inglés Person in need).

Principio de homeóstasis. Tendencia de un organismo a mantener su propio equilibrio.

Principio iso. En Teoterapia, propiciar la expresión emocional de una persona.

Represión. Un recurso del ego con el que empuja las experiencias traumáticas a la mente subconsciente.

Sicología pastoral. Sicología concerniente a los pastores y sus diferentes roles.

Síndrome. Grupo de síntomas que se presentan simultáneamente.

Subconsciente. Parte de la mente que no es consciente.

Teología. Estudio de Dios y su relación con su creación, incluyendo al hombre.

Teoterapia. Una modalidad ecléctica de consejería cristiana desarrollada por el Dr. Mario E. Rivera Méndez.

Tercer Oído. Escuchar atentamente lo que alguien nos dice; lo que una persona realmente quiere decir tras las palabras que expresa.

Tranquilidad. Estado de confianza en Dios.

Transferencia. Transferir nuestras emociones de una persona a otra.

Trauma. Experiencia que causa heridas profundas.

Tricotomía. Descripción de la naturaleza del hombre según 1 Tesalonicenses 5.23. Espíritu, alma y cuerpo.